“十三五”国家重点出版物出版规划项目

中国古代文明探源·插图本
The ORIGIN of CHINESE CIVILIZATION

氏族寻踪

李学勤 ◆ 主编　　丁季华等 ◆ 编著

上海科学技术文献出版社
Shanghai Scientific and Technological Literature Press

图书在版编目（CIP）数据

氏族寻踪 / 李学勤主编；丁季华等编著． —上海：上海科学技术文献出版社，2018
（中国古代文明探源：插图本）
ISBN 978-7-5439-7747-1

Ⅰ．① 氏… Ⅱ．①李…②丁… Ⅲ．①氏族—研究—中国—古代 Ⅳ．① K820.9

中国版本图书馆 CIP 数据核字 (2018) 第 202858 号

“十三五”国家重点出版物出版规划项目
上海市新闻出版专项资金资助项目

选题策划：张 树
责任编辑：王倍倍 杨怡君
封面设计：樱 桃

氏族寻踪
SHIZU XUNZONG
李学勤 主编 丁季华等 编著
出版发行：上海科学技术文献出版社
地 址：上海市长乐路 746 号
邮政编码：200040
经 销：全国新华书店
印 刷：常熟市人民印刷有限公司
开 本：787×1092 1/32
印 张：8.75
字 数：140 000
版 次：2019 年 1 月第 1 版 2019 年 11 月第 3 次印刷
书 号：ISBN 978-7-5439-7747-1
定 价：38.00 元
http://www.sstlp.com

目 录

序

《中国古代文明探源（插图本）》丛书（下面简称《探源》）是《中国古代文明起源》(下面简称《起源》）的修订本。

原版《起源》隶属于李学勤先生主编的《中国古代历史与文明》丛书，于2007年由上海科学技术文献出版社出版。《起源》旨在讨论中国文明起源的历史和逻辑，即从时间绵延和空间伸展两个向度，讨论中国在进入文明时代之前的文化生成机制及其原始状态。考虑到该书的可读性，在体例和写作方法上做了新的尝试，即全书由专题和主题板块连接而成。新版《探源》对此未作变动，仅增添多幅插图，并分四册装帧。

原版《起源》写作始于2002年，约在2005年完稿。彼时恰好"中华文明探源工程"正在进行中。所以《起源》仅在20世纪后半期的学术成果基础上创作而成。这次修订时，考虑到原作结构的完整性，在文字上也未作增删。有关中国文明起源研究以及探源工程的成果，在本序中略作介绍，以补修订本的不足。

中国传统文化和中华文明源远流长，素有中华文明史“上下五千年”之说。中国文明源头何在？文明如何起源和形成？一个世纪以来，史学界和考古学界有关研究者一直在“探源”路上摸索。如从时间节点和标志来衡量，中国文明起源研究可分为以下三个阶段：

1. 20 世纪 20 年代至 1982 年研究阶段

重建中国古史体系，其中包括中国文明“探源”，其始点应定在“五四”新文化运动的大背景之中。高江涛先生认为，“20 世纪 20 年代在新文化运动的洗礼下以顾颉刚为代表的‘古史辨派’摧毁了大一统的‘三皇五帝古史体系’，在科学与民主思想的影响下提出了以科学态度研究中国文明起源问题。科学态度要求重视地下发掘材料，考古学的作用凸显出来，于是就有了 1928 年安阳殷墟的发掘，就有了 1930 年郭沫若《中国古代社会研究》唯物史观的尝试。”① 这些并非是对中国文明起源的直接研究，但是提出了

① 高江涛：《新世纪以来中国文明起源与形成研究的回顾和反思》，《中原文化研究》，2013 年第 1 期。

文明起源问题①，而这个问题的研究，必须仰仗考古资料。

1921年仰韶遗址被发现，尤其1926至1928年李济博士主持西阴村、殷墟的遗址发掘，标志着中国现代考古学在20世纪20年代诞生。现代考古学的诞生，推动了中国文明起源的研究。20世纪20年代曾流传着“中国文化西来说”，随着仰韶文化遗址和龙山文化遗址陆续发掘，此说渐次退隐。从30年代起，有关中国文明起源研究渐次展开。中国文明源头有一元说、二元说和三元说等。对此颇有影响的，有傅斯年的“夷夏东西说”，徐旭生的“三集团说”等。而郭沫若的《中国古代社会研究》，以崭新的理论研究中国古代文明和国家，对学术界研究中国文明起源起了引领作用。

20世纪50—70年代，我国新石器时代考古发掘，遍布黄河、长江流域、长城内外和边陲地区，数以千计的遗址被发现，其中中原地区最为密集。因此，不少学者认为中原地区是中国文明起源的中心，由此向四周拓展。

2. 1983—2000年研究阶段

这个研究阶段，是以夏鼐先生于1983年在日本所做

---

① 高江涛：《新世纪以来中国文明起源与形成研究的回顾和反思》，《中原文化研究》，2013年第1期。

的《中国文明的起源》报告为起点，也是中国文明起源研究的全面展开阶段。

夏先生的这个报告，后来收录在《中国文明的起源》专著中，1985年出版。该报告首次对“文明”概念作了界定，阐明了它的科学含义，并指明对这个问题研究的路径。他说：

“现今史学界一般把‘文明’一词用来指一个社会已由氏族制度解体而进入有了国家的阶级社会的阶段。”他认为“城市”“文字”和“冶炼金属”是文明时代的标志，而“文明的这些标志中以文字最为重要”①。他又指出：

“我以为中国文明的起源问题，像别的古老文明的起源问题一样，也应该由考古学研究来解决。因为这一历史阶段正在文字萌芽和初创的时代。纵使有文字记载，也不一定能保存下来，所以这只好主要地依靠考古学的实物资料来佐证”②。

夏鼐先生是我国著名的考古学家，他研究中国文明起源的成果和论断，是中国文明探源征途中的一个里程碑，对以后的研究起着引领作用。在探源研究方面，著名的史

---

①② 夏鼐：《中国文明的起源》，文物出版社，1985年，第81—82页。

学家、古文字专家李学勤先生在《中国古代文明起源》一书中，也有精辟的阐述。他说：

“近十几年来在中国，文明的起源也是学术界非常重视的题目，史学界和考古学界应用马克思主义历史观，进行了认真研究，发表了许多论作。这些新作的思想观点，与《中国古代社会研究》（郭沫若著）等早期作品相比，有着颇为显著的发展。”如何深入研究？他从加深理论探讨、强调考古学重要性、重视传说价值和文明起源多元性等四方面提出意见①。他认为：按马克思理论，阶级和国家是文明产生的标志。但是，要确定某个考古遗存是否是文明社会，还需要有若干要素来衡量，他提出的要素是：金属的使用、文字的产生、城市的出现、礼制的形成、贫富的分化和人牲人殉等方面，并对中国文明作了阐明②。

如何结合考古学研究历史？考古学如何与中国文明起源研究相结合？这不仅需要引入国外流行的理论工具，更重要的是考古学框架、理念应与时俱进、优化和提升。对此，著名的考古学家苏秉琦先生给出了系列答案。

苏先生毕生从事我国考古工作，成绩卓越。令人敬仰

---

①② 宫长为：《李学勤说先秦》，上海科学技术文献出版社，2011年，第12—24页。

的是，其在晚年仍尽心投入中国文明探源工作，奔波于各个考古发掘现场，出席各类学术研讨会，提出在学术界振聋发聩的系列观点和论断，如“满天星斗说”“多元一体说”“考古文化区系类型说”等。他的详细论述，汇集在《中国文明起源新探》等著作中。

在这个研究阶段中，可喜的是形成了研究中国文明起源的学术团队。他们分布在新石器考古发掘第一线、研究机构和高等学校。他们的研究成果，既有文明起源理论上的创新，又有考古学新成就在文明探源上的运用，在国内外学术界产生一定的影响。

3．2001—2015 年研究阶段

这个阶段的起点，是国家级“中华文明探源工程”启动，共有预研究阶段，探源工程一、二、三诸阶段。

预研究：2001—2003 年。以距今约 4500—3600 年时空范围，设置“古史传说和有关夏商时期的文献研究”“考古学文化谱系的研究年代测定”“聚落形态所反映的社会结构”等九个课题，由数十位学者专家参加，在完成课题研究的基础上，提出了由多学科结合的文明探源工程的实施方案①。

① 王巍、赵辉：《中华文明探源工程的主要收获》，《光明日报》，2010 年 12 月 23 日，第 012 版《理论周刊》。

探源工程（一）：2004—2005 年。该阶段通过多学科团队合作，进行多角度、多层次、全方位研究中原地区文明起源和形成。具体成果是：1. 在中原地区考古文化谱系的梳理和分期的基础上，对陶寺、王城岗、新砦、二里头等中心性遗址标本进行了精确的测定；2. 研究该地区在距今约 4500—4100 年间的气候变化。结果表明这些地区气候温暖湿润，适宜农耕；3. 运用自然科学相关学科和考古学相结合的方法，对上述四处遗存研究表明，该地区原始先民在农业、手工业和家畜饲养等方面都呈现着变化和进步，并掌握铸造青铜器技术；4. 对陶寺、新砦、二里头等遗址作聚落考古，对其反映的社会组织结构和王权有了新的认识①。

探源工程（二）：2006—2008 年。探源工程的技术路线同第一个阶段，即多学科结合，多角度多层次全方位展开。不同的是，探源的时空有所扩大，时间上向前延伸到公元前 3500 年，空间上扩大到黄河流域、长江中下游及辽西河流域。阶段性认识是：1. 以公元前 2000 年为界，之前辽西、海岱、长江中下游等地区的文化独自发展，与

---

① 王巍、赵辉：《中华文明探源工程的主要收获》，《光明日报》，2010 年 12 月 23 日，第 012 版《理论周刊》。

中原文化呈现相互影响、百花齐放的局面，之后发生重大变化，形成中原地区华夏文化独秀的格局。2．长江中下游因气候波动造成干旱或水患，导致公元前 2000 年前后长江中下游原始文化衰退。辽西地区也因气候干凉化，导致公元前 2000 年前后辽西原始文化衰退。而中原地区因地形多样，台地高平，抗灾能力较强，为原始农业继续发展创造条件。3．走向文明时代有不同途径。公元前 2000 年前后，以中原地区陶寺古城、长江中下游良渚古城及长江中游石家河古城为代表，其社会分层明显，贵族特殊阶层形成，暴力和战争屡现，这说明这些地区已经进入早期文明社会①。

探源工程（三）：2011—2015 年。自 2011 年 5 月起，由国家文物局组织实施“中华文明探源工程”第三阶段研究任务：中华文明探源及其相关文物保护技术研究；中华文明起源与早期发展综合研究②。

从 20 世纪 90 年代起，特别是“中华文明探源工程”启动以来，中国文明起源研究呈现出如下特点：

---

① 王巍、赵辉：《中华文明探源工程的主要收获》，《光明日报》，2010年12月23 日，第 012 版《理论周刊》。

② 《百度百科》：《中华文明探源工程》。

1．“从单一要素研究追溯到文明起源的过程、动力、背景及模式等研究”[①]。综观20世纪90年代以前对文明起源研究，主要集中在一元或多元、标志、要素等方面探讨，之后的20多年，转向对文明起源的纵深方向研究，如对文明起源和形成两个阶段的社会组织和结构的考察。

2．以考古学文化为基础，结合传世文献资料，并运用现代科技手段，“呈现多学科、多角度、多层次、全方位”的研究[②]。以往研究历史，多半运用定性分析，其缺陷在于静态观察问题。随着科学技术的发展，新的研究理论和工具的运用，特别引入定量分析方法，使文明起源研究揭开新的一页。

3．文明起源和形成的新理念引入和运用。“新世纪以来，最热的就是对‘酋邦’和‘早期国家’的讨论”[③]。酋邦是由一个最高首领（酋长）控制之下的地域集团，在该集团内形成地位不同、利益不等的贵族阶层与普通民众。“酋邦”时期是国家诞生前的社会历史阶段。也有学者认为，“酋邦”时期已进入早期国家阶段。一般认为，中国

①②③　高江涛：《新世纪以来中国文明起源与形成研究的回顾和反思》，《中原文化研究》，2013年第1期。

在新石器时代晚期进入酋邦社会。

4．自新世纪以来，一些田野考古获得新进展，为中华文明探源工程提供新资料。最近发掘的陕西神木石峁城址就是典型的案例。“石峁规模宏大、结构复杂的城址及大型建筑，精美的玉器及其出土背景等方面……很可能是在龙山时代晚期至二里头初期崛起于陕北高原上的一个早期国家的都邑性聚落”①。

（丁季华　2017 年 4 月 15 日）

① 戴向明:《陶寺、石峁与二里头》，载于中国社会科学院考古研究所编《夏商都邑与文化（二）》，中国社会科学出版社，2014 年，第 52 页。

导　言

世界上每个民族都有一段“童年”时代。考古学和民族学有关成果表明，原始先民在这段漫长而艰辛的岁月里，既要完成自身从猿人到现代人的演变，又要从动物本能活动向文化活动转化。从某种意义上讲，人类起源的过程，也是文化生成机制及其状态初现的过程。

本套丛书旨在讨论中国文明起源的历史和逻辑，也即从时间绵延和空间伸展两个向度，讨论中国在进入文明时代之前的文化生成机制及其原始状态。

文化性是人从动物界脱身而出的标志之一，人是劳动产物，文化是劳动结晶。然而，人们长期以来对自身这种劳动创造，一直没有说清楚、道明白，对于文化概念、文化功能更是众说纷纭、莫衷一是。为了与当前文化学相衔接，引言部分扼要地介绍了有关文化功能的学术信息。

为了考虑到可读性和学术性统一，本套丛书在体例上和写作方法上做了新的尝试，即全书由专题和主题板块连接而成。各个专题既相对独立，又有内在联系，前后呼应。

现将 4 个分册略作说明：

在《洪荒岁月》一书中，通过人自身形成和文化微光初现的阐述，勾画了人猿相揖别时的情景，便于读者了解就人类起源问题的讨论。

在《文化起源》一书中，重点阐析中国文化起源的历史和逻辑，在提出中国文化起源于八大区域的论断的同时，吸纳了史学界前辈创立的中国古史传说时代的“三大集团”说。

在《氏族寻踪》一书中，以“新石器革命”为始点，对史前文化中的物质、精神、社会心理和民族潜意识诸层面作了阐析，使读者能够从多个不同的角度解读中华氏族文化。

人的创新活动是人特有的历史现象。创新机制早在文化起源中已经萌发成长。事实上，读者在《氏族寻踪》一书中已经看到这种活动的存在了。在《原始创新》一书中，再从原始科技、汉字、艺术、音乐等方面，对“原始创新”作进一步的阐析。

简单说来，文明起源的始点是原始文化曙光初现，终点是国家的诞生。在《原始创新》一书的“国家门槛”中，着重阐述传说中“大同之世”终结时的几个场景。

本套丛书还集结了史前时代较有特点的多个考古学文化的介绍和研究性论文，以期达到宏观与微观结合、历史纵观与个案研究结合，为读者呈现更完整的中国文明起源的壮丽图景。

本套丛书由集体创作，执笔者为：丁季华、龚若栋、章义和、黄爱梅、彭华、于凯、唐燮军、王妍、汪奎、武锋、罗先文、王胤卿。每个专题末尾署名者，为该专题初稿撰写人。丁季华负责全书构架和统稿，龚若栋、章义和、黄爱梅参加审定工作。本套丛书援引和参考史学界同仁的诸多成果，深表感谢；不足和疏漏之处，祈请读者指正。

（丁季华）

引言：文化·文明诠释

“文化”（culture），是众说纷纭的术语之一，至今仍然莫衷一是。根据克拉克洪和克鲁伯统计，在20世纪20年代以前，关于“文化”仅有6种不同的定义；而到1952年时，其定义竟已高达160余种之多（《文化概念：一个重要概念的回顾》）。“文化”之复杂和争议，由此可见一斑。与“文化”一词相关联的“文明”（civilization），其情形亦复如是，两者有着太多的相似之处；并且在许多论著中，两者往往又可互相通用或混用。

1871年，英国人类学家泰勒推出了《原始文化》一书，他在书中给“文化”和“文明”下了一个非常“经典”的定义：“文化或文明，就其广泛的民族学意义来说，乃是包括知识、信仰、艺术、道德、法律、习俗和任何人作为一名社会成员而获得的能力和习惯在内的复杂整体。”[①]审视泰勒的定义，可以看出，他将文化一分为二，一部分是人类业已取得的成就（如艺术）；一部分是人类赖以生存的价值观念、社会准则。换言之，文化是指人类在社会上所学的一切事物与观念。哈维兰认为可以接受的文化定义，恰好就着眼于泰勒所言的第二层面，“文化是一系列规范或准则，当社会成员按照它们行动时，所产生的行为应限于社会成员认为合适和可接受的变动范围之内”[②]。

在古代汉语文献中，曾经出现过“文化”“文明”两词，但与译自西文的“文化”“文明”相比，两者含义大不相同。

先说“文化”。《说苑·指武》：“圣人之治天下也，先文德而后武力。凡武之兴，为不服也；文化不改，然后加诛。”晋束皙《补亡诗》：“文化内辑，武功外悠。”南齐王融《曲水诗序》：“设神理以景俗，敷文化以柔远。”这几处的“文”，与“武”对应。所谓“文化”，指的是为

---

① ［英］泰勒：《文化之定义》，《多维视野中的文化理论》，第99—100页，庄锡昌等编，上海人民出版社，1987年。

② ［美］哈维兰著，王铭铭等译：《当代人类学》，第242页，上海人民出版社，1987年。W. Haviland：Anthropology，7th ed，New York，Holt，Rinehart and Winston，1994，p. 304.

“文”（文治教育、礼乐典章）所“化”，实即“文明教化”。次说“文明”。《周易·乾·文言》：“见龙在田，天下文明。”孔颖达疏：“‘天下文明’者，阳气在田，始生万物，故天下有文章而光明也。”《周易·贲·彖传》：“文明以止，人文也。观乎天文，以察时变；观乎人文，以化成天下。”王弼注：“止物不以威武而以文明，人之文也。”《周易·明夷·彖传》：“内文明而外柔顺。”孔颖达疏：“内怀文明之德，抚教六州，外执柔顺之能。”李渔《闲情偶寄》：“辟草昧而致文明。”所谓“文明”，最初指的是自然现象的光明、文采，后来引申为人文世界的文德、文教，最后才借指为“文”（文德、文教）所“化”之后呈现的状态。

“中国古代文明探源”，顾名思义，所讨论的对象主要是中国原始文化的生成机制和状态。在讨论中，“文明”和“文化”两者是通用的。为了便于读者从理论上了解中国原始文化的生成机制和状态，本书先对“文化”和“文明”的内涵和外延、特征与功能等略作阐释：

○“人”的文化

文化和文明，首先应该是“人”的文化和文明。从语源学的角度审查，西语中所使用的“culture”一词，来自古拉丁语“cultura”，其本义为“开垦”“培植”，指人开垦土地、培育作物；之后，开垦和培育的对象转变为人，指对人的开化和教育，日渐具有“人文”色彩；后来，再由此引申出“文化”“文明”，指开化、教化的行为或过程以及达到的状态。换言之，所谓“文化”或“文明”，其初期的含义本来指的就是人为“文化”和“文明”所“化”，以及此“化”所达到的程度。动物虽然也会模仿（如鹦鹉学舌），也可驯化（如狗钻火圈），但其模仿和驯化不是“文化”。人，只有人，才是文化的创造者和承受者。就此而言，文化和文明是人类“进化”的结果①；在此意义上，文化是人类区别于动物的标志②。因此马林诺夫斯基认为，“文化的出现，将动物的人变为创造的人、组织的人、思想的人、说话的人以及计划的人”③。

如果套用生物学的术语，可以说，人与文化的关系，不是通过“先天（遗传）获得”的（acquired），而是通过

① 此处所用的“进化”一词与达尔文所论有别，特指“文化的进化”。

② 彭华：《陈寅恪的文化史观》，《史学理论研究》，1999年第4期；彭华：《陈寅恪“种族与文化”观辨微》，《历史研究》，2000年第1期。

③ ［英］马林诺夫斯基：《在文化诞生和成长中的自由》，《多维视野中的文化理论》，第107页。

“后天（学习）习得”的（learned）。在《人的研究》一书中，人类学家林顿区分了“获致地位”（achieved status）与“归属地位”（ascribed status），于此不无参考意义和借鉴价值。

○ **功能的文化**

所谓“功能”，即能满足某种“需要”。强调文化的功能性，是人类学功能学派的主旨。该学派由法国社会学家E.迪尔凯姆创立，后由马林诺夫斯基、拉德克利夫-布朗引入人类学。他们视文化为一完整的总体，是由各自相互联系的部分所组成的体系，其中每个部分都有自己的特殊的作用，都是为了完成自己的“功能”。如马林诺夫斯基认为，“文化在其最初时以及伴随其在整个进化过程中所起的根本作用，首先在于满足人类最基本的需要”①。

该学派借以建构其理论的学说是“需要理论”，借以比附的学科是生物学。仔细分析该学派的学说，就可发现，他们其实视人为动物、视文化为某种生物现象；为了满足“需要”，人必须创造一个崭新的、第二性的、派生的环境，于是便有了文化；“需要”是多元的、系统的，

---

① ［英］马林诺夫斯基：《在文化诞生和成长中的自由》，《多维视野中的文化理论》，第106页。

因而文化也是多元的、系统的，一如人体各个器官发挥其各自的“功能”。总之，该学派陷入了“机械比附”的怪圈，有简单化的倾向。

○ **历时的文化**

这里所用的“历时”一词（diachronique），借鉴自语言学家索绪尔，与“共时”（synchronique）相对，特指人类文化在不同历史时期的状态及其演变。从历时的角度梳理文化，既可溯其源，又可明其流，给人以清晰的时间观念。国外的文化进化论者（如泰勒、摩尔根），非常注重从历史发展的角度研究文化，认为文化是由低级向高级、由简单到复杂循序渐进发展的；该学派又可分为单线进化论和多线进化论，前者把人类文化看作一个整体，后者则认为人类文化存在若干平行的个体。

比如，我们所说的“儒家文化”，其实并不是一开始便如此，它有着长达 2 000 余年的发展历史。质言之，它的发展历史大致经历了三个阶段：“原始儒家”（先秦时期）、“宋明新儒学”（其实应当包括宋以前的汉魏时期）、“当代新儒家”（五四新文化运动以后）①。

---

① 彭华：《“殊途同归”与“同途殊归”——从思想交融角度看儒学发展的三个阶段》，《宜宾师专学报》，2000 年第 4 期。

○ **区域的文化**

所谓“区域的文化”，指的是一个特定地域单位、在一个特定时期中发展起来的文化和社会类型，可以简称为“区域文化”。文化人类学所说的“文化区”（culture area）、传播论者所说的“文化圈”（Kulturkreise），则与此处所用的“区域文化”有别，因为前者是“以该地区内诸社会的文化相似性为特征的地理区域，这种相似性源于共同的环境及传播”①，而后者则隐含文化的独创性（独立起源、独立发展）。“区域文化”并不是从一开始就存在的，它是某一地区文化发展到一定程度的结果，“只有当某一区域达到成就上的一致性，出现在此地域上的文化丛和文化结构，真正的区域文化才算形成”②。

大者而言，有以洲为单位的区域文化，如“欧洲文化”“亚洲文化”等；次者而言，有以洲内片区为单位的文化，如“东亚文化”“西欧文化”等；小者而言，有以国别为单位的文化，如“中国文化”“印度文化”“玛雅文

---

① ［美］墨菲著，王卓君、吕迺基译：《文化与社会人类学引论》，第285页，商务印书馆，1991年。

② 李勤德：《中国地域文化的形成与发展》，《先秦史与巴蜀文化论集》，《历史教学》杂志社，1955年。

化”“古罗马文化”等；更小者而言，有以国内地区为单位的文化。

比如，著名考古学家苏秉琦将中国的考古学文化划分为六大区系：(1)以长城地带为中心的北方地区；(2)以晋、陕、豫三省接邻地区为中心的中原地区；(3)以洞庭湖及其邻境地区为中心的长江中游地区，以及面向太平洋的三大区；(4)以山东及其邻境为中心的黄河下游地区；(5)以江、浙（太湖流域）及其邻境地区为中心的长江下游地区；(6)以鄱阳湖—珠江三角洲一线为主轴的南方地区①。苏秉琦据以划分的标准，是考古学的标准；而他所说的这六大区系，实际上就是六大“区域文化”。李学勤根据文献和考古成果，将东周时代列国的文化划分为七个文化区：(1)以周为中心，北到晋国南部，南到郑国、卫国等地处黄河中游的地区，为中原文化区；(2)中原以北的赵、中山、燕国以及更北的北方文化区；(3)今山东境内的齐鲁文化区；(4)长江中游的楚文化区；(5)吴越文化区；(6)巴蜀文化区；(7)秦文化

① 苏秉琦：《华人·龙的传人·中国人——考古寻根记》，第239页，辽宁大学出版社，1994年。

区[①]，当然，还有其他的划分方法，兹不赘述。

○ **物质的文化**

物质，是文化的载体，也是文化“外化”的结果。在以前的研究中，部分学者往往只关注这一类型的文化（习称为“物质文化”），而忽略了文化的精神性。比如在考古学界，有所谓“陶器文化”“青铜文化”等。其实，所谓“物质文化”“精神文化”，仅是相对划分的结果，两者本来就是密切关联的，切不可截然割裂。考古发现的物质（遗物与遗迹），它们其实也反映着精神的东西。关于个中奥秘，李学勤多有论述[②]。

但并非所有的物质均可冠以“文化”，要成为“文化的物质”，它首先应该具备“人工创造性”。也就是说，所谓“物质文化”，特指（人的／人为的）文化物质而非自然物质。因此，如若有人贸然称有所谓的“山川文化”“松竹文化”，绝非严谨和地道的用法。

○ **精神的文化**

所谓“精神的文化”，这是从狭义的角度所理解的文

---

① 李学勤:《东周与秦代文明》(增订本), 第11—12页, 文物出版社, 1991年第二版。

② 李学勤:《走出疑古时代》, 辽宁大学出版社, 1994年。

化，即人类所创造的精神财富的总和（如文学、艺术、教育、科学、宗教以及思维方式、心理特征、价值观念、道德标准、认识能力等），是人类的文化心态及其在观念形态上的对象化，有时又被混称为“精神文明”。上文提到的泰勒的定义，注重的就是文化的这一层面。目前学术界所习称的“儒家文化”“道家文化”等，所注重的就是文化的精神层面。

尽管精神文化有相对的独立性，能够反作用于物质文化，但精神文化本身终究是由物质文化所决定和制约的。这是因为，精神文化需要一定的物质载体，只有当物质文化发展到一定的阶段以后，才有可能产生精神文化。

○ 象征的文化

怀特认为，“象征是所有人类行为和文明的基本单位”，甚至认为“所有人类行为起源于象征的作用”；所谓“象征”（symbol），指的是“一件其价值和意义由使用它的人加诸其上的东西”；因此在他看来，文化是象征的总和，是“肉体之外的”基于象征体系的事物和行为在时间上的连续统一体，是人区别于其他动物的主要标志[1]。在众多象

---

① ［美］怀特：《象征》，《多维视野中的文化理论》，第 239—251 页。

征体系中，“符号”是一项大宗，而“符号”恰好就是德国哲学家卡西尔强调的重心和中心。他认为，人是“符号的动物”，人是能利用符号去创造文化的动物①。文化中最重要的象征形式是语言——代表客体的言辞，斯坦利·萨尔特甚至认为，“象征—语言——是人类文化之基础”(《演化生物学》，第402页)。

冯友兰曾经将历史区分为“本来的历史”(客观存在的历史)和“写的历史”(历史学家以主观认识和研究为根据而撰写的历史)②。其实，文化又何尝不是如此？拿孔子来说，就有“历史的孔子”与“孔子的历史”之别。孔子逝世之后，他在后代实际上业已成为一个“符号”，具有极大的“象征”意义，仍然具有极高的研究价值和学术意义。

○ 整合的文化

在《文化模式》一书中，本尼迪克特不但强调文化的“模式”(pattern，又译为“类型”)，而且强调文化的“整

---

① ［德］卡西尔:《人是符号的动物》,《多维视野中的文化理论》，第252—262页。

② 冯友兰:《中国哲学史新编》(1980年修订本)第一册，“全书绪论”，人民出版社，1982年第三版，第1—2页。

合”①。所谓“整合”，其实在文化的形成过程中（包括文化交流）最具有参考意义；一俟文化最终成型并相对固定，再谈文化的“整合”，其参考意义便相形逊色。

文化的整合，大致包括三种类型:（1）同时代诸文化的整合;（2）新旧文化的整合;（3）本土文化与外来文化的整合。大致而言，其第一、第二种“整合”仍以本土居多，第三种“整合”则广而延及“中外”文化问题。

就第一、第二种情形而言，我们可举道家文化为例。诸子百家的关系，并非如有些人所理解的那样——水火不容、尖锐对立。道家与儒家，非但没有水火不容，反而是水乳交融；道家在形成和发展过程中，有机摄取和合理吸纳的养分，不但有儒家的东西，同时还有阴阳家、墨家、名家、法家的东西。在“论六家之要旨”中，司马谈早就将此个中奥秘揭橥而出，“道家使人精神专一，动合无形，赡足万物。其为术也，因阴阳之大顺，采儒、墨之善，撮名、法之要，与时迁移，应物变化，立俗施事，无所不宜，指约而易操，事少而功多”(《史记·太史公自序》)。郭店楚简一出，许多学者对儒、道两家的水乳交融深表惊

① ［美］本尼迪克特著，张燕、冯铿译:《文化模式》，浙江人民出版社，1987年。

讶，叹为真历史的“再现”；其实，儒、道两家的关系本非“问题”，只是某些人“误读”（misread）了先秦、两汉的典籍罢了。

就第三种“整合”而言，最为典型、最为世人所熟知的，恐怕莫过于佛教的渐入中土了。自西汉末年佛教传入中国，历2 000余载的译介、冲突、交融，其“整合”早已完成。而另外一种中外文化的“整合”，则仍在进行之中，这就是中西文化的“整合”。

○ 系统的文化

所谓“文化的系统性”，不论是在文化的形成过程中，还是在文化成型固定后，都具有极大的参考意义。因为我们所说的“×× 文化”，其组成部分并不是单一的、孤立的，往往是多元的、复杂的。

以中国而言，她本身就是一个多民族的国家，“五十六个民族，五十六朵花”，各自都有其灿烂的文化与悠久的历史，但最终都系统整合在“中华民族”这个大家园里。所以，著名社会学家费孝通提出“中华民族多元一体格局”概念①，确实是独具慧眼的概括。再以某一民族

① 费孝通：《中华民族的多元一体格局》，中央民族学院出版社，1989年。

而论，其文化也并非单一文化，既有物质层面的，也有精神层面的，既有历时的，也有共时的，但“共同的文化认同”(民族学上所用的“民族认同”一词，与此约略近之)最终将该民族与其他民族区分开来，因为“(共同的)文化特点可以毫无例外地作为任何民族区别于其他民族的主要标志”①，“如果一个民族丧失其文化特点，它就不可能作为一个单独民族而存在”②。

○ **考古学文化**

考古学中所讲的文化，有其特定的含义，“专门指考古发现中可供人们观察到的属于同一时代、分布于共同地区，并且具有共同的特征的一群遗存”；所以，一般用“考古学文化”来表示考古遗存中（尤其是原始社会遗存中）所观察到的共同体③。考古学文化的命名，以首次发现的典型遗址所在的小地名作为考古学文化名称的做法，应用得最为普遍④，如欧洲的莫斯特文化、梭鲁特文化以及中

---

① ［苏］尼·切博克萨罗夫、伊·切博克萨罗娃著，赵俊智、金天明译:《民族·种族·文化》，第24—25页，东方出版社，1989年。

② ［苏］尼·切博克萨罗夫、伊·切博克萨罗娃著，赵俊智、金天明译:《民族·种族·文化》，第23页，东方出版社，1989年。

③ 安志敏:《考古学文化》,《中国大百科全书·考古学》，第253页。

④ 夏鼐:《关于考古学上文化的定名问题》,《考古》，1959年第4期。

国的龙山文化、仰韶文化等。

总之，文化首先是“人的文化”，只有人才是文化的创造者和承继者；因时间和空间的不同，文化在历时和共时两个向度上呈现出不同的特点；文化的基本内容，大致可以划分为物质文化和精神文化两大类；文化的各个组成部分，都有其独到的功能和价值，它们被系统整合之后，外在面貌大致相似，“民族文化”遂凸显而出；文化的研究，在方法论上的要求是全方位的，任何单一的方法均不足以完全奏效。

（彭　华）

氏族寻踪

氏族是原始时代的社会细胞，又是原始文化赖以生存的温床。从某种意义上讲，没有中华氏族文化，也就没有中国文明时代。地下考古资料昭示，在中国原始时代中，曾存在过数以千计的氏族公社，先民在“新石器革命”驱动下，开创了原始农业和原始手工业的新时代，创立了氏族制度文化，并在原始宗教中寻找精神寄托。

一 “新石器革命”

距今约1万年前，人类由旧石器时代迈入新石器时代。对于人类社会发展历史来说，新石器时代的出现是一次质的飞跃。这一时代的基本特征是农业、畜牧业的产生和磨制石器、陶器、纺织的出现；尤其是农业，它堪称新

旧石器时代原始人的生活场景

石器时代的最基本特征，是“人类文化史上划时代的历史事件”①。因此可以说，新石器时代是人类社会的第一次突变，延续300多万年的采集、狩猎经济被农耕、畜牧经济所代替，人类由蒙昧时代进入野蛮时代。

对于人类历史上这一伟大的转折，很早便引起了人们的注意。英国考古学家柴尔德称这一突变为“新石器时代

新石器时代出土的工具：三孔石刀、穿孔石斧、石斧、方孔石锄

---

① 安志敏：《中国新石器时代的农业》，《中国大百科全书·考古学》，第704页。

的革命”[①]，又称“新石器革命”。有学者对此作了进一步发挥，认为：所谓“新石器革命”，就是农业革命，是一次经济革命，唯有近代的工业革命差可比拟[②]。它的作用集中表现为通过生产力的继续发展，导致文明的产生。

其实，这样的理解毫无疑问有一些偏差。因为将“新石器革命”仅仅理解为经济革命，未免过于狭隘了。“新石器革命”的内涵，决非仅仅“经济革命”或“农业革命”两语所可囊括；“新石器革命”是人类文化史上第一次大跃进，是一次血缘的、经济的、社会组织的和精神生活的整体性的大突变[③]。其主要内涵有以下几点：

（一）食物获取方式上的革命

人类由单纯依靠狩猎和采集植物果实与根茎作为人类生活资料来源，逐步发展为农耕生产，并且逐渐成为人类攫取生活资料的主要手段。也就是说，这时人类已经从依

---

① 柴尔德：《远古文化史》，第 80 页，群联出版社，1954 年。

② 日知：《关于新石器革命》，《世界历史论丛》，第234—245页；《农业起源与文明起源》，《史前研究》，1983 年第 2 期。

③ 丛林（丁季华）：《河姆渡文化新探与“新石器革命”再认识》，《历史教学问题》，1989 年第 1 期。该文以“河姆渡文化”为一标本，比较全面地剖析了“新石器革命”的内涵。

赖天然赏赐过渡到了生产经济阶段。与这一革命相关的方面有：

（1）生产工具的改进。虽然人类在旧石器时代、中石器时代、新石器时代的生产工具都以打制和琢制为主，但到了新石器时代早期，绝大多数石器已经在打制和琢制的基础上又进行了磨制，而且连骨器、蚌器和玉器等也进行磨制。各种不同用途的工具也随之出现，如用于农业生产的石犁、耘田器等，用于木材加工的斧、锛、凿、铲等。这对于提高生产力而言，无疑是一大进步。

生产工具：石磨盘、石磨棒

（2）农业的出现。人类在采集的过程中，逐步熟悉了某些植物的生长规律，慢慢培育出了麦、稻、粟等农作物（如磁山遗址的粟[①]、河姆渡遗址的籼稻[②]）；而生产工具的

① 河北省文物管理处等：《河北武安磁山遗址》，《考古学报》，1981年第3期。

② 浙江省博物馆自然组：《河姆渡遗址动植物遗存的鉴定研究》，《考古学报》，1978年第1期。

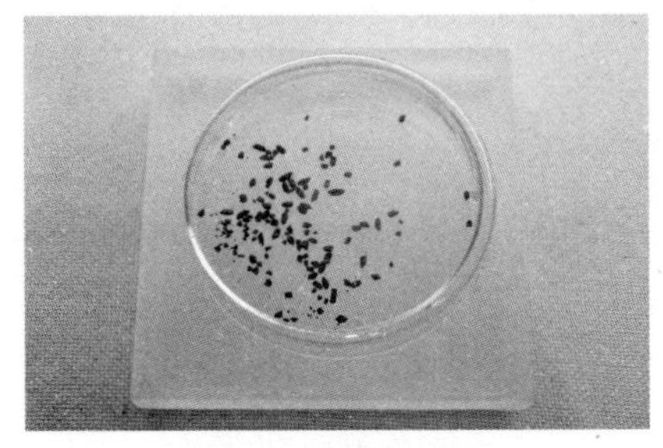

炭化稻谷遗存

改进，也促成了农业的产生和发展。在我国各地的新石器时代遗址中，发现了许多栽培稻和粟的残存遗物。在国外，印第安人种植了玉米、甘薯、马铃薯，印度最先培植了棉花。

（3）饲养业的产生。牛、羊、猪、狗等是新石器时代较早饲养的一批家畜，这些家畜的骨骼遗骸在我国新石器时代的遗址中多有发现。在龙山文化时期，已经是“六畜”（马、牛、羊、鸡、犬、豕）具备了①。饲养业的发展，极大程度上补充了人类生活资料的来源，同时也促进了农耕业的发展。

（二）居住方式上的革命

在此之前，人类逐水草、果木而居，借助于天然的洞穴、岩龛栖身，过着居无定所的生活；进入新石器时代以

---

① 石兴邦：《我国奴隶制国家形成前夕的社会经济形态》，《历史教学》，1964年第5期。

后，大部分先民已经开始建筑房屋，过着定居的生活。先民所选择的定居场所，主要是适宜农耕生产的浅山区河岸台地或较近的丘陵地区；而且形成了众多大小不等的聚落，在聚落中出现了半地穴式房屋建筑（北方）和干栏式建筑（南方）。

以华北为中心，公元前6000—前5000年的裴李岗文化、磁山文化和大地湾文化，已经形成一定规模的聚落和成片的氏族墓地。龙山文化时期的住房，与仰韶文化时期是一致的，但建筑技术有了较大的提高，已经相当广泛地使用了泥坯垒墙新技术，居住面比较讲究，并且出现了板筑技术。在南方，最有特色、并且影响深远的是“干栏式”木结构建筑。这种建筑形式较为普遍，在江浙等地多有发现，而且从原始社会一直延续到汉代①。

定居下来的原始先民，开始制作陶器——陶器是定居农业生活的产物。因为定居农业生活要求拥有更多丰富原料、制作方便而又实用的各种生活用具，如炊器、食器、储藏器、汲水器等。仰韶文化时期，我国原始制陶业臻于成熟，不但生产技术有了长足的进步，在经济上的重要性

---

① 安志敏:《干栏式建筑的考古发现》,《考古学报》, 1963年第3期。

也日益加强。到了龙山文化时期，制陶工艺空前发达，快轮制陶技术日益普及，制作工艺先进，陶器制品精美。定居生活的出现，也促成了饲养业的产生。

（三）蔽体衣物上的革命

传世文献和民族学材料表明，纺织业的出现是和农业的产生相联系的。采猎民族一般不懂纺织，一些民族在原始农业初期也还是以木叶树皮为衣，只有在农业相对发达以后才会出现纺织。因为纺织的出现必须具备以下几个条件——较发达的编织技术、较先进的纺织工具、相对稳定的生活、可供利用的植物纤维，而它们基本上都和农业有着密切的联系。

纺轮的出现，可以作为纺织业已经产生的标志。在新石器时代的遗址中，发现了大量陶纺轮、石纺轮和饰有绳纹、线纹的陶器，它们表明当时已经出现了纺织品。我国境内较早的纺轮，出土于河南密县莪沟遗址和河北武安磁山遗址，已有 7 000 多年的历史①。在距今 7 000 年左右的

---

① 《河南密县莪沟北岗新石器时代遗址发掘报告》,《河南文博通讯》, 1979 年第 3 期；邯郸市文物保管所等:《河北磁山新石器时代遗址试掘》,《考古》, 1977 年第 6 期。

大河村遗址纺轮

浙江河姆渡遗址中，发现了我国最早的纺机。当时人用以纺织的原料是大麻、动物毛等。而大量骨、蚌、角、石、玉器装饰品的发现，说明当时的人不但注意衣物的御寒能力，而且注重衣饰的美观，生活状况较此前已有很大进步。

（四）精神生活上的革命

原始先民在衣食之余，也开始了艺术创作活动，其层面广泛，涉及美术、音乐、舞蹈等①。如河姆渡文化的先民，采用雕刻、捏塑等手法，制作了大量陶、骨、木、象

① 本书后文有专门叙述，此不赘述。

牙等艺术品，显示出比较高超的艺术技巧①。

（五）社会组织上的革命

人类进入新石器时代后，随着生产力的发展，社会分工明显，阶级萌芽，已经处于文明的前夜。东北的红山文化、东南的良渚文化、晋西南的陶寺文化等，其社会文明程度都已经比较发达了。尤其是陶寺文化（公元前2500—

陶寺文化彩绘陶簋

① 河姆渡遗址考古队：《浙江河姆渡遗址第二期发掘的主要收获》，《文物》，1980年第5期。

前 1900 年）①，其随葬品规格之高、技术之精，令人惊叹。研究者认为，当时已经出现了阶级的分化和类似世袭制的首领以至国家王权的存在，正处于国家产生的前夜；又有研究者径直认为，当时已经产生国家或国家雏形，或即具有成熟形态的方国②。

（彭　华）

① 中国社会科学院考古研究所山西工作队、临汾地区文化局:《1978—1980年山西襄汾陶寺墓地发掘简报》,《考古》, 1983 年第 1 期。

② 高炜等:《关于陶寺墓地的几个问题》,《考古》, 1983年第6期; 高炜:《晋西南与中国古代文明的形成》, 载《汾河湾》, 山西高校联合出版社, 1996 年。

二　中华农耕文化起源

农业的出现，无疑是人类历史由蒙昧走向文明的伟大革命。中华农耕文化起源的核心问题，就是原始农业究竟形成于何时、何地、何因、何种方式的问题，并由此派生诸如农具的改进、农技的发展、先民生存状态的变更乃至社会形态的变迁等一系列边缘问题。事实上，早在先秦时期就有人试图解答此一问题，见诸典籍者，即有“神农之时天雨粟，神农耕而种之，作陶冶斤斧，破木为耜，鉏耨以垦草莽，然后五谷兴，以助果蓏之实”① 的记载。而近年来，由于现代科技在田野考古中的广泛应用，以及考古发掘成果的层见叠出，农业起源问题更成为国内外农史界普遍关注的热点。

在众多的关于农业起源的假说与理论中，人口压力学

---

① 朱右曾:《逸周书集释 · 逸文十一》。此外,《白虎通 · 德论》及《淮南子 · 修务训》也曾作意思相近的探讨。

说和竞争宴享理论无疑是最具影响力的。前者认为动植物的驯化是对人口压力和粮食短缺的一种反映，从而推动人类从采集狩猎经济走向农业经济；而后者否认驯化动植物在减缓、消弭人类饥荒中的决定性作用，转而认为某些动植物的驯化是在食物资源比较充裕条件之下，人类为扩大食品结构、增添美食种类的产物。这两种理论观点的截然对立，在某种程度上昭示着：不同地域的原始农业的出现，源自不尽相同的动力机制；对于农业起源问题的探讨，必须充分关注地域的差异，予以实事求是的分析。

我们认为：若以植物栽培种类为划分依据，中国的农耕文化的起源实际上包括黄河流域的粟作农业、长江中下游的稻作农业及西藏的青作农业三大模块，尽管它们的形成时间有先后，却无疑是独立起源、各有特点的农作方式，因而对于此一问题的考察，也应该分成粟作、稻作、青作三部分加以具体论述。

（一）粟作农业起源

距今大约 7 万年前，由于第四期晚更新世冰期的来临而导致的气温大幅度下降，直接造成浆果类植物的灭绝和大批动物的南迁，进而打破了原有的生态平衡。与北半球其他温带大陆不同的是，更新世时期的黄河流域虽也曾反复出现过山脉冰川，却从未遭受大陆冰川的作用，华夏先民因此得以幸存，而山西朔县峙峪及沁河中游、河南安阳小南海、河北阳原虎头梁等地的文化遗存①，就是他们抗争冰期作用、顽强生存的遗迹。

处于饥饿边缘的华夏先民改变长期以来对原有食物链的严重依赖，转而另觅新的食物来源以维持种群的延续。于是，耐寒的草本禾谷类植物种子成为他们首选（事实上也是主要）的食品；同样因为气温急剧下降的缘故，这些草本禾谷类植物种子并非四季常有，故而在旺季采集足够的食物以备淡季之需（即储藏）也就成为必要。而在寒冷气候下为生存而努力的人们，又在长期的采集、储藏过程中，势必逐渐深化对此类植物习性的认识，最终产生将之驯化、栽培的内在冲动，这种冲动大概就是徐旺生所谓的“作为观念的农业”②。并且随着全新世的来临和气候的转暖，外化为农业实践活动，其时间大致在距今 1 万年左右。

---

① 详参夏鼐:《新中国考古发现与研究》，文物出版社，1984 年。

② 徐旺生的《中国农业本土起源新论》(刊《中国农史》，1994年第1期)，不仅提出了“作为观念的农业”这一概念，而且推论了其萌芽的大致时间。

粟是由野生的狗尾草进化而来的，何炳棣根据午城黄土之中的粟类花粉遗存，推断这种进化大约发生在更新世初期之前①。其实，粟不仅具有顽强的生命力，而且营养比较丰富，因而在冰期来临、原有食物链中断之后，逐渐成为幸存于黄河流域的华夏先民的替代食品之一。随着第四期冰期的终结，黄河流域形成了冬春干旱、夏季多雨的气候特征，这种气候特征决定了该地的农作物只能是春种秋收、喜温性的一年生品种，而粟类作物的生长周期又恰好与之吻合，因为它“在幼苗期缺失水分时，呈假死状态，叶部纵卷以减少水分蒸发，原有根系向下深扎，……已经纵卷的叶子遇水后只1—3小时便能完全展开恢复生长”。幼苗阶段的干旱不但不会影响它的最后收成，“反而能够促使茎向粗的方向发展，对后期生长有利”②。惟其如此，使得它在诸多草本禾谷类植物中脱颖而出，并大致在第四期冰期结束后不久被广泛地栽种，“中国北方的农业，就是以粟的驯化为主体而逐渐形成和发展的”③。

---

① 何炳棣：《中国农业的本土起源（续）》，刊《农业考古》，1985年第1期。

② 黄其煦：《黄河流域新石器时代农耕文化中的作物——关于农业起源问题的探索（三）》，刊《农业考古》，1983年第2期。

③ 高国仁：《粟在中国古代农业中的地位和作用》，《农业考古》，1991年第1期。

不过，黄河流域之所以能够成为中国粟类作物的主要栽培区，除了气候适宜之外，在很大程度上是因为该地黄土的物理、化学特性为粟的生长提供了得天独厚的环境。土壤研究结果表明，近 100 万年以来不断堆积的结构疏松的黄土，不仅“便于原始方式的开垦及作物的浅种直播”，而且“具有垂直的纹理，有利于毛细现象的形成”，从而“可以把下层的肥力和水分带到地面，形成黄土特有的土壤自肥现象”。

在当前学界关于粟作农业究竟发源于何地的学术讨论中，一般认为发端于黄河之滨，黄土高原则是其中的中心

粟作农业发源地——黄土高原

地带，即黄河是产生粟作农业的先决条件；而黄其煦则予以明确反对：尽管“黄土地带是发展原始农业的良好环境，黄河的小支流也是保证原始农业的因素，但这些都是‘发展’农业的条件，而不是‘发生’农业的契机所在”①。更有学者进而提出山地起源说，如李根蟠、卢勋主张：在华夏先民既无能力开发原始森林，又不能完全脱离狩猎、采集经济的情况下，在山地边缘地带从事农耕劳作无疑是最佳的抉择②。何炳棣则从作物驯化角度进一步论证了山地起源说，并得出这样一个结论，即农业不是发生在适于农耕的沃野，恰恰相反，较为贫瘠的山涧地带才是它的最初乐园③。在所有的有关粟作农业起源问题的探讨中，我们更倾向于王震中所秉持的多元起源理论。他认为，分别位于黄河中上游、中游及下游的大地湾·老官台文化、磁山·裴李岗文化、北辛文化，实际上是三个独立起源而又平行发展的文化系统，尽管三者之间有着横向的交流和相互的影

---

① 以上引文俱见《黄河流域新石器时代农耕文化中的作物——关于农业起源问题的探索（三）》。

② 李根蟠、卢勋：《我国原始农业起源于山地考》，《农业考古》，1981年第1期。

③ ［美］何炳棣：《中国农业的本土起源》，《农业考古》，1984年第2期。

响，但并不存在源流和传承关系①。其实，王震中的这一观点同样适用于对于稻作及青作农业起源问题的考察。

迄今为止，考古学家已经在甘肃秦安大地湾、兰州白道沟坪、甘肃临夏马家湾、青海乐都柳湾、宝鸡北首岭、西安半坡、临潼姜寨、华县泉护村、郴县下孟村、河南洛阳王湾、新郑沙窝李、河北武安磁山、山东滕县北辛等文化遗址中，先后发现或存放于窖穴之中或随葬于墓地之内的诸如粟粒、粟壳、炭化粟粒等史前粟作文化遗存②。从地域分布来看，这些早期粟作遗存大都位于山丘与平原的过渡地带，从而既利于农业生产，又便于渔猎和采集；从形成时间先后来看，上述遗址以河北磁山遗址的历史最为悠久（距今约 8 000 年），该遗址不仅出土了猪、狗、羊等家畜的遗骸，而且在已经发现的 88 个窖穴中储藏着总量高达 13.82 万斤的粟米③。其数量之巨，表明在新石器时代中期之前，黄河流域的粟作农业业已经历了一个相当长的发展时期；至于窖穴的发明及用于储藏粮食，以及舌形

---

① 王震中:《中国文明起源的比较研究》，陕西人民出版社，1994 年。

② 有关各地发现粟米的资料，详参陈文华:《中国农业考古资料索引（粟）》，《农业考古》，1987 年第 1 期。

③ 佟伟华:《磁山遗址的原始农业遗存及其相关的问题》，《农业考古》，1984 年第 1 期。

石铲、椭圆形石斧、鞋底形石磨盘等工具的出土，又反映出当时的华夏先民已经开始过着以农业经济为主体的定居生活。而在磁山·裴李岗文化遗址，不但有定居的聚落遗存，还有整齐的公共墓地。

得益于稳定的农耕生活，许多环境相对优越的聚落，其规模已相当可观，“如河北磁山遗址面积为 8 万平方米，河南舞阳贾湖村遗址有 5 万平方米，陕西临潼白家村遗址面积竟达 12 万平方米”①。同样受惠于稳定的农耕生活，人们有了从事文化创建的可能，譬如仰韶文化时期的华夏先民已经能够制造种类齐全、式样考究的陶器，考古人员在半坡遗址五分之一面积上，共收集陶片 50 万片以上，其中完整和能够复原的器皿将近 1 000 件；在姜寨遗址一期，收集陶片 100 余万片，一二期共出土完整器皿（加上后来修复）2 044 件；在北首岭遗址，收集陶片 10 万片，完整器皿 919 件。就以上三个遗址所出土的陶器质地而言，均以细泥红陶、泥质红陶为主，辅之以少量的夹砂红褐陶、橘红陶及黑灰陶。

尤需指出的是，随着农耕定居生活的出现与稳定，以

---

① 李学勤主编:《中国古代文明与国家形成研究》, 第17—18页, 云南人民出版社, 1997 年。

及制陶技术的不断发展，仰韶文化期的粟作农业已经跨入“器灌”农业阶段。“所谓‘器灌’，顾名思义，即是使用人工制造的器物，用人力自江河、水坑或水井中直接汲水，从事的农业浇灌”。尽管它只是一种最为原始的农业灌溉形式，却“是农业从天然灌溉到人工灌溉发展过程中的一次重大飞跃和质变”，并“为后来井灌和渠灌农业的发展奠定了基础”，因而“具有划时代的意义”①。“器灌”农业的产生，进一步巩固了农耕定居生活。作为器灌农业的实物证据，小口尖底瓶（即古书所谓的欹器）最早出土于山西农学院校址，此后又在南达汉水中上游、北及河套、东至豫西晋南、西到陇东的广大地区相继出土，它的发明与使用，

西安姜寨出土的小口尖底瓶

① 黄崇岳、孙霄：《原始灌溉农业与欹器考》，《农业考古》，1994年第1期。

既是制陶技术、工艺突飞猛进的表征，又在一定程度上缓解了粟类作物生长初期及分蘖拔节时分的用水需求，更折射出华夏先民将物理学上的重心原理应用于农田水利灌溉的科学智慧。

综上所述，不难发现：① 黄土高原野生粟类植物的广泛分布，以及独特的土壤结构是形成粟作农业的重要条件；② 距今 1.2 万—1 万年之间，是黄土高原粟作农业滥觞的关键时期，距今 8 000 年前的磁山文化已是粟作农业比较发达的阶段；③ 定居村落的出现，既是农耕文明出现后的产物，又反过来促进了农耕生活的稳定与发展。在广泛分布于黄河中上游地区的文化遗址中所发现的为数众多的家畜遗骸及农具、粟米遗存，从事实层面佐证了农耕定居业已成为仰韶文化时期的华夏先民普遍的生活方式；④ 粟作农业是中原地区由采集经济向麦作农业过渡的农耕方式，它的起源与发展，奠定了中原文化——人类文明史上延续时间最长而又从未间断的文化类型——最初的文明规模和文明能量。

（二）稻作农业起源的争鸣

相对于前者而言，时下学术界关于稻作中国农业本土起源问题的争论更为激烈，并围绕栽培稻的起源时间和地点问题，形成下列几个主要观点：

1. 云南起源说。这一观点以日本的渡部忠世、国内的柳子明为代表，得到汪宁生、游修龄、李昆生等人的支持和响应。他们认为：① 云南地区的气候条件、地理环境特别适合水稻的生长；② 该地不仅拥有稻种资源 3 000 余种，而且酶谱同功酶分析结果显示该地现生栽培稻与普通野生稻之间有着较近的亲缘关系。

2. 长江下游起源说。该假说自河姆渡文化遗址出土大量稻谷遗存之后盛行于学术界。1979 年，闵宗殿以此为据力主此说。1982 年，严文明又从考古学、生物学、历史地理学、文化人类学角度加以全面考察，确认杭州湾及其周围地区是中国稻作的起源中心。秉持此论的尚有杨式挺等人。

河姆渡出土的稻纹陶钵

马家浜文化出土的稻谷

3. 长江中游起源说。向安强在湖南澧县彭头山稻谷遗存问世之后，首倡长江中游起源说，其后又反复论说，进而补充了鉴定稻作农业起源地的三大标准：一是“该地区发现的史前稻作遗存，不仅年代之早列全国之最，发现地点之多也要居全国之冠，且分布密集。特别是早期的稻作文化遗址不能是孤例或两三例，而必须带有普遍性”。二是“该地区必须……是我国史前南北文化交流与传承过程中的纽带。其史前文化自身发展所达到的高度足以构成对周围地区史前文化发生强烈影响”。三是“该地区在史前（特别是新石器时代早期）应非‘粟稻混作区’”①。他的观点得到了刘志一、中建、匡达人、卫斯、闰孝玉等人的支持。

4. 长江中下游起源说。安志敏在 1986 年提出“长江中下游可能属于栽培稻的起源中心”的观点②，林华东在《中国稻作农业的起源与东传日本》（刊《农业考古》，1992 年第 1 期）一文中，更是明确指出：“我们有充分的证据可以认定：长江中下游地区应是中国栽培稻的起源地。”该假说在 1993 年日本举行的“东亚稻作起源和古代稻作文

① 向安强：《长江中游是中国稻作文化的发祥地》，《农业考古》，1998 年第1期。
② 安志敏：《中国史前农业的起源》，《农业考古》，1987 年第 2 期。

化”国际学术研讨会上，引起与会的中、日学者的强烈反响。

5. 长江中游—淮河上游起源说。1998年，王象坤等人根据河南舞阳贾湖遗址和湖南彭头山遗址的发掘情况，认为“长江中游与淮河上游可能是同一历史阶段发生并列发展的中国栽培稻的最初发源地”。与此同时，他们也提出了自己的关于稻作农业起源的标准：① 该地发现中国最古老的栽培稻（或遗骸）；② 该地发现与古栽培稻共存的野生祖先稻种（或遗骸）；③ 该地发现驯化栽培稻的古人类群体及稻作生产工具；④ 该地不仅具备野生稻生存、繁衍的气候与环境条件，而且具有强大的生存压力[①]。

6. 华南腹心地带起源说。基于湖南道县寿雁镇白石寨玉蟾岩、万年仙人洞和吊桶环遗址的最新考古发现，朱乃诚提出在南起南岭一线，北达长江以南的南丘陵、幕阜山一带，东抵武夷山一侧，西至雪峰山的区域内，即华南腹心地带，是中国稻作文化的最初起源地[②]。

---

① 王象坤、孙传清、张居中:《中国栽培稻起源研究的现状与展望》,《农业考古》, 1998年第1期。

② 朱乃诚:《中国新石器早期文化遗存的新发现和新思考》,《东南文化》, 1999年第3期。

7. 多中心起源说。严文明在主张长江下游说的同时，又提出："中国稻作农业起源地的范围较宽，华南、长江中游和下游都有可能成为中国稻作农业起源地区①。"裴安平同样认为，与其将长江流域看作是稻作农业的起源中心，倒不如将其看作稻作农业的早期发达地区；在中国境内，诸如此类的中心不仅不止一个，而且所有的中心都有自己独特的发展经历②。

此外，尚有以丁颖、童恩正、李润权为代表的华南起源说，李江浙的黄河下游起源说，傅勤的中南半岛起源说，张佩琪的江西鄱江起源说等观点。以上众说中，华南起源说似有过于宽泛之嫌；云南起源说主要依赖生态环境资料和同功酶分析结果，迄今尚无考古依据；黄河下游起源说一方面仅以出土于江苏连云港二涧村的谷壳印痕为旁证，另一方面又从文字训诂入手加以论证，既缺乏考古发现的有力支持，其考证手段更难以令人信服；至于起源于长江下游、长江中下游、长江中游、长江中游—淮河上游等观点，又以当时的考古发现为立论依据，其研究成果既

① 严文明:《中国史前稻作农业遗存的新发现》,《江汉考古》, 1990年第3期。

② 裴安平:《彭头山文化的稻作遗存与中国史前稻作农业》,《农业考古》, 1989年第2期。

然在很大程度上受制于考古材料，也必将随着考古进展的不断深入和历史更悠久的稻作遗存的逐渐出土，而日益丧失存在的理由。譬如中南半岛起源说，正因为云南及华南地区 1 万年前野生稻遗存的发现而不攻自破。

诚如王海明所论，用考古材料研究稻作起源地必须注意考古资料的完整和系统①。所谓考古资料的完整和系统，是指：就文化类型而言，无论在年代序列上，还是在文化谱系发展上，都必须具有一定的连续性；除了普遍发现史前稻作遗存之外，必需同时出土与稻作农业密切相关的生产工具、相对稳定的聚落形态，以及定居生活所特有的日用品。换言之，有关稻作起源地的研究并非单纯的生物学问题，只有具备独立、完整的稻作文化遗存的地方，才有可能在史前时期的某一时段形成并发展中国原始的稻作文明。除此而外，论证某遗址是否稻作起源地，尚需关注：第一，该地的地理环境、气候特点、土壤结构在全新世中期，能否适合普通野生稻的生长，以及普通野生稻的分布状况；第二，在历经冰期作用之后，该地域是否仍有原始人群的活动痕迹，这些人群是否在生存压力逼迫下有驯化

① 王海明：《中国稻作农业起源研究与考古发掘》，《农业考古》，1998 年第 1 期。

普通野生稻的内在冲动和应对能力。

如同黄土高原粟作农业的缘起，中国的稻作农业也大致出现于更新世晚期，由于生态环境的巨变和部分物种的消亡而导致的原有食物链的中断，迫使华夏先民在尽可能多地采集果实、猎取禽兽鱼虾的同时，转而利用当地业已存在着的野生稻资源。据此而论，尽管1万年前后岭南、珠江流域既拥有丰富的野生稻资源，彼地人群又过着以洞穴为主的定居生活，然而考古发现表明：广东阳春独石仔，开封黄岩洞，英德青塘墟朱屋岩、仙佛岩、吊珠岩、黄门岩，广西柳州白莲洞，桂林甑皮岩，江西万年大源仙人洞等遗址虽都已有1万年左右的历史，却无不表现出典型的渔猎、采集文化特征，很难想象在有大量动植物可供渔猎、采集而无食物短缺之患的情况下，彼地人群会舍易就难地去驯化栽培野生稻，故而基本上可以排除岭南、珠江流域作为中国稻作农业发祥地的可能性。

与此相反，生活在北纬29°—31°之间的长江中下游地区的原始人群，由于环境条件的并不优越，特别是渔猎、采集经济的短缺，使得他们在强大的生存压力之下有可能甚而必须利用既有的野生稻资源，从而在长期的摸索过程中最终成功地将野生稻驯化为栽培稻。此类推论一再地为相关的考古发现所证实，譬如在长江中游洞庭湖畔的澧县大坪乡彭头山文化遗址考古学家发现了大量的距今约 8 500 年前的稻作遗存，该遗址不仅残留着被认为是目前世界上历史最悠久的人工栽培稻稻壳、谷粒的炭化痕迹，而且出土了直接或间接用于农耕的石器、骨器和木器工具；而与之相距仅 20 千米的八十垱遗址，更以其丰富的文化内涵（包括稻粒遗存、食物构成、日用品及环壕村落）①，昭示着稻作农业经济在距今 8 000 年前后的长江中游地区的主导地位。又如在长江下游的距今约 7 100 年的桐乡罗家角马家浜文化遗址，其第四、第三文化层不仅出土数量较多的古稻谷遗存（粒稻占总数的 2/3 至 3/4），而且发掘出骨耜、骨勾勒器、靴形器等农具，以及肩脊釜、弧腹腰延釜等炊具，该遗址的发现表明在 7 000 年前的长江下游地区，从事稻作农业的并非仅仅是河姆渡人。

尽管从当前的考古发现来看，长江中游的稻作遗存明显早于长江下游地区，然而，“无论从长江下游自然条件的优越性来看，还是从河姆渡稻作农业已很发达，而河姆渡文化又没有明显的外来因素来看，都有理由相信长江下

① 湖南省文物考古研究所:《湖南澧县梦溪八十垱新石器时代早期遗址发掘简报》,《文物》, 1996 年第 12 期。

游稻作农业还有更早的发展历史”①。最近发掘出土的跨湖桥遗址（距今8 000—7 000年），作为一个自成体系的文化遗存，既开启了浙江考古史的崭新篇章，也是上述论断的最新实例。出土于其中的稻谷颗粒、由大型哺乳动物肩胛骨制成的骨耜，以及陶器的器形、纹饰和工艺，均反映出：尽管狩猎经济在当时的经济生活中仍占有较大的比重，然而，耜耕农业与农耕文化模式，业已成为跨湖桥先民主要的谋生手段和生存方式。

因而我们认为，凡有普通野生稻生长的区域，客观上都存在着被挣扎在饥饿边缘的人类培育成栽培稻的可能，只是因为对其生长规律和生长条件有着认知程度高低、认知时间先后的不同，使得稻作农业在不同地区表现出起源上的或早或晚、发展上的不平衡。诸如此类使我们坚信：第一，中国稻作起源呈现出多中心、各自独立发展的趋向，这种多中心的独立发展趋向在地域上仅限于北纬29°—31°之间（因而不同于严文明等人所主张的多中心起源说）；第二，由于当前的考古发掘具有很大的偶然性和局限性，目前，我们仅知长江中游及其下游地区曾经

① 严文明：《河姆渡野生稻发现的意义》，《河姆渡文化研究》，杭州大学出版社，1998年。

分别诞育过两个不同类型而又自成系统的稻作文化起源中心，即洞庭湖畔的玉蟾岩文化—彭头山文化—城背溪文化—汤家岗文化—大溪文化—屈家岭文化—石家河文化，以及杭州湾的河姆渡文化—马家浜文化—崧泽文化—良渚文化；第三，随着考古发掘的不断深入，在北纬29°—31°的纬度带内，必将发现接近万年甚至更早的稻作遗存，这种潜在的发现在时段上更贴近于中国稻作起源问题本身，也将在学理上佐证该纬度带作为稻作文化发祥地的论断。

（三）西藏山地青作农业的起源

相对恶劣的生态环境和闭塞的交通条件，不仅阻碍了西藏与外界的经济文化交流，而且使得该地域农业文明的发展程度明显落后于内地。以青稞种植为主的青作农业，既非西藏山地最原始的农耕方式，在起源时间上也相对较晚，但是，它自形成至今，对西藏的历史与社会所产生的深远影响，犹如粟作农业之于黄河流域、稻作农业之于长江中下游，故而对于青作农业起源问题的综合考察，具有不言而喻的重大意义。

关于藏人的来源，历来存在着以下两种传说，其中《殊胜赞释》称该地最早的人群是乔装逃离印度的汝巴底

青作农业——青稞麦田

王及其千人军团①，而《西藏王统记》则称云藏人是猕猴与岩石魔女的后裔②。学术界对这一问题的探讨也是众说纷纭，或持源于西羌说，或主源于印度释迦王系说，或奉源于雅鲁藏布江流域说。目前，在定日县苏热、中扎县珠洛勒、班戈县各听、日土县扎布和多格则、吉隆县哈东淌和却得淌等地的考古发现，表明早在旧石器时代，西藏山地

① 详参布顿仁钦珠:《布顿佛教史》, 第180页, 中国藏学出版社, 1988年。

② 萨迦·索南坚赞著、王沂暖译:《西藏王统记》, 第40—43页, 商务印书馆, 1985年。

不仅生息着为数不少的华夏先民，而且很可能是人类的主要发祥地之一[①]。降及新石器时代，藏民更创造出颇值称许的远古农耕文明，如位于昌都以南 12 千米处的卡若遗址，在 1977—1979 年的先后两次发掘中，共出土房址 28 座、砾石路面 2 条、石围圈 3 座、灰坑 4 个、石制品 7 968 件、骨制品 366 件、陶片 20 000 余件、装饰品 50 件、大量兽骨，还有一些鸟骨、贝壳和谷子遗核等，从而将西藏史前史提前到距今 5 000—4 000 年[②]。尤其是 1990 年发掘的曲贡遗址，不仅出土了丰富的石器、陶器、骨器、兽骨、鱼骨及渔猎工具，还发现了用以加工谷物的磨盘和大量收割器具，它的发掘证明拉萨河谷有着“比较发达的农耕文明，其文明的进程应大体上与内地同步”，“如果说昌都卡若遗址的发掘建立起藏东地区新石器时代文化的一个标尺的话，拉萨曲贡遗址的发掘无疑建立了西藏腹心地带新石器时代文化的另一个标尺”[③]。

自 20 世纪 70 年代以来，学术界关于西藏新石器文化

---

① 童恩正:《人类可能的发源地——中国西南地区》,《四川大学学报》(哲社版), 1983 年第 3 期。

② 西藏自治区文物管理委员会、四川大学历史系:《昌都卡诺》, 文物出版社, 1985 年。

③ 霍巍:《近十年西藏考古的发现与研究》,《文物》, 2000 年第 3 期。

尤其是细石器来源问题的探讨既空前活跃又莫衷一是，其中童恩正等人主张本土起源说，如段清波就认为细石器“有可能起源于西藏本地”①；安志敏等人则持华北影响论，谓“西藏地区的细石器可能属于华北细石器传统向南传播的一支”②；汤惠生等人以为西藏的细石器可分为藏北和藏南两大系统，其中藏北系统源于华北，而藏南系统则可能源于华南或西南③。我们认为：文化传播只能发生在相近区域之内，各地细石器类型的雷同并不完全是文化传播的结果；西藏相对封闭的地理环境和迄今都颇感困难的交通条件，在很大程度上决定了该地的原始文化只能生成于本土。譬如卡诺遗址所代表的原始文化就具有浓厚的地方色彩，出土于其中的陶器质地均为夹砂陶，纹饰以刻划、锥刺、附加堆纹为主，以罐、盆、碗等平底器为基本器形，没有发现内地新石器文化所特有的鼎、鬲、甗等三足器；表现在建筑风格上，诸如半地穴房屋中的“井杆式”木结构、石墙房屋、擎檐柱楼层建筑，也都呈现出浓郁的地方特色。

---

① 段清波：《西藏细石器遗址》，《考古与文物》，1989 年第 5 期。

② 安志敏、尹泽生、李炳元：《藏北申扎、双湖的旧石器和细石器》，《考古》，1979 年第 6 期。

③ 汤惠生：《略论青藏高原的旧石器和细石器》，《考古》，1999年第5期；又见《昌都卡诺》，第 151—156 页。

实际上，西藏山地的原始农业较之黄河流域、长江中下游地区，有着不同的起源方式，即该地的原始农业始于以重植、移植无性繁殖根茎作物为特征的点播式园圃或家庭农艺①。大约在距今 4 000 年前，生息在一江三河和藏东三江流域的藏民受干冷气候的影响，在根茎作物、瓜果、蔬菜及牲畜饲草急剧减少的情况下，被迫以野生青稞为主要食物来源，并进行大面积栽培，从而逐渐转向以种植青稞为主、畜牧和渔猎并举的青作农耕方式，换言之，青作农业是特定的地理环境与气候条件交互作用的结果，并很可能发端于喜马拉雅山地。尤其需要指出的是，它的文化内涵不仅迥异于内地的粟作农业和稻作农业，而且与中亚、西亚、中东、北非的麦作文化有着本质上的区别，是更倾向于欧洲大陆的农业发展模式。

从卡诺、曲贡等遗址的考古发掘来看，青稞在藏民的食物构成中无疑占据着很大的比重。在藏区，关于它的由来有着两种不同的神话传说，或者认为得自阿初王子的苦苦寻觅②，或者认为是观音菩萨的恩赐：猕猴与岩石魔女产

---

① 张亚生:《对西藏青作农业的再认识》,《西藏研究》, 2000 年第 4 期。

② 《青稞种子的来历》, 载陶立璠等主编的《中国少数民族神话故事选》, 四川人民出版社, 1985 年。

下的 6 个猴崽，被猕猴投放在一个名为鸟集林的野果丰盛之地繁衍生息，三年后猕猴重返鸟集林，发现其数量已增至 500 个，而该地的野果也被采摘一空，猴崽们面临着严重的食物危机。在猕猴的求助下，观音菩萨从须弥山缝中取出青稞、小麦、豆子、荞麦和大麦的苗子，撒向大地并使之生长，从而解决了猴崽们的食物来源问题，并且随着食物结构的改变，猴崽们“毛尾转短，能作语言，遂变成人”①。上述两种传说无不认定青稞的本土生成，尤其是后者，更曲折地表达出这样一个信息：青作农业的出现，源自因人口增殖而导致的食物资源的短缺，而食物资源短缺的现状迫使先民另觅他物。据此而论，所谓的阿初王子，一如中原地区的神农氏，实际上代表着藏区最早从事青作农耕的人群。

细胞学鉴定和同功酶分析结果显示：作为一种温凉抗寒抗旱的谷物，青稞起源于西藏山地及喜马拉雅山地的野生二棱大麦，它并非自然形成，而是人工驯化培育所致。我们认为，野生二棱大麦向青稞的演化过程，实际上就是青作农业的形成过程，而青稞的问世，其实就是青作农业形成的标

---

① 《西藏王统记》，汉译本第 10—12 页。

志。当然，伴随着这一进程，必将派生出诸如青作农具的出现与改良、聚落形态的变更，以及青稞作物的再造（譬如青稞酒的酿制）等人类活动，因而对于青作农业起源问题的讨论，就是对上古先民社会生产、生活轨迹的关注。

始于20世纪50年代的西藏史前考古研究，虽然已为我们提供一个关于高原早期人类活动的轮廓，也使我们认识到距今5 000—4 000年的新石器晚期，活动于喜马拉雅山地的先民业已开始了农耕劳作。但是，迄今为止的考古发掘（包括昌都卡诺、拉萨曲贡和山南贡嘎遗存），仍不足以全面考证青作农业的起源问题；部分学者如张亚生，试图从爬梳钩稽相关的文献记载、比对汉藏词源及语音入手加以考证和诠释[①]，诸如此类的努力尽管角度新颖，却不能从根本上解决问题。因此，对于青作农业起源问题的解答，期待着新的考古发现以及其他学科的学理论证。

通过以上阐述，似可得出如下初步结论：

一、广泛分布于各地的原始文化遗存，表明中国农耕文化的本土起源观点，是经得起实践检验和理论推敲的。

---

① 张亚生：《对西藏青作农业的再认识》，《西藏研究》，2000年第4期。

二、粟作农业、稻作农业及青作农业不仅是独立起源、各有特点的农耕方式，即便在各种农耕方式内部，同样存在着多元起源问题。三种农耕方式的起源，实际上源自不同地域的华夏先民对于本地野生植物的认知和利用，这种认知、利用由于自然条件的不同、生存环境的差异以及其他因素，而产生出不同的结果。

三、华夏先民在从事原始农业劳作的同时，不断驯化其他动植物，进而开拓出养蚕、织布等家庭手工业，这对后世自给自足的自然经济的形成，具有极其深远的影响。

四、对于中华农耕文化起源这一漫长而又不可度量过程的考察，在某种意义上可以说是从人文角度探讨华夏先民在驯化野生植物（包括粟、稻、青稞）活动中的作用，以及此一进程中华夏先民走出蒙昧、开创文明的历史轨迹。

五、定居的农耕生活既是华夏先民应对自然以求生存的产物，又激发了他们的聪明才智，故有房屋的修建、农具的改进、草药的研制、天象的观测、日用品的日趋丰富（具体表现为酒、酱、布、陶器等），进而推进了天文学、地理学、化学、数学、物理学、中医学等自然科学的萌芽。

（唐燮军）

三　原始陶器、玉器、铜器

陶器、玉器、铜器是新石器时代文化的标志器物，尤其是前两者，与原始人的生活息息相关。铜器则是新石器晚期出现的，标志着另一时代——青铜时代的开始。看到原始人遗留的陶器、玉器和铜器，就如同看到了他们多彩的文化生活。

（一）原始陶器

中国的陶器何时产生？由于地区差异，陶器产生没有确切的年代，过去认为大约是在八九千年前新石器时代早期，但随着考古发掘的进展，它的时间上限还会往前推。现在普遍认为在 1.3 万—1 万年前的江西万年仙人洞[①]、湖

① 李家治:《中国早期陶器的出现及其对中华文明的贡献》,《陶瓷学报》, 2001 年第 6 期。

南道县玉蟾岩[①]发现的陶片最为原始，当时先民们就近取来遗址附近的红土或黄土，捏成形后烧制，温度在800℃左右，当然陶器质地相当松脆，含很多杂质[②]。由于陶器在各地新石器遗址中都有出土，一般认为陶器和磨制石器是新石器时代的两个标志。

关于陶器的发明问题，学术界至今仍有争论。如不少人认为陶器是在偶然的情况下产生的，他们说原始人在有陶器前多使用草编或竹编的篮子类器物，有时为了打水，在篮子外糊了一层泥，有一次偶然发生火灾，篮子被烧毁了，但那层泥却硬化保留了下来，反而不会因为遇到水而溶化，于是人们发现泥土可以通过加热定型，制成他们要用的器物。但这种观点正受到越来越多的挑战，“中国近代的考古发掘和若干边远地区至今保留的古老原始制陶文化的考察都没有找到支持这种说法的证据”[③]。陶器上常见篮纹，它与篮子类竹木编的器物肯定是有关系的，其替代早先实用的篮子，也应没有什么疑义，那篮纹究竟是否为火烧掉了外面的竹条或木条所致？有人认为是“原始现实

①②③　李家治:《中国早期陶器的出现及其对中华文明的贡献》,《陶瓷学报》, 2001年第6期。

主义”的影响，“在制造初期，人们必然要照它所代替的容器的形式来制造它”①。即陶器替代了篮子，人们在装饰陶器表面时，将昔日熟知的篮子的纹路表现上去了，并不是烧制陶器时先用篮子作骨架的。当然，这种说法仍是值得商榷的。现在的研究结果，是陶器在制作时，常放在席子等编制物上，并用编制的陶拍拍上纹饰，所以陶器会留下交错重叠的篮纹。况且早在旧石器时代晚期人类已会用

半坡遗址出土的篮纹席纹陶片

① 吴震:《我对陶器起源问题的看法》,《文物参考资料》, 1956年第7期。

泥土捏出动物小塑像投入火中，如早在 1 万多年前的欧洲马格德林文化中，便有野牛、熊等塑像[①]，可见人类应该早就知道泥土的受热可塑性。

陶器的发明，应该不能归因于某一次事件，它广泛出现在世界各地的新石器遗址中，是时代的必然。原始先民很早就学会了使用火和水，他们在用火的过程中，必然发现火堆边的泥土经过灼烤后会变成硬块这一现象，在结合泥土渗水可以塑成各种形状这一规律，便有了陶器产生的可能。这应该比用一次偶然的火灾解释陶器的发明更为合理些。古人知道了这一自然规律，便创造性地利用它，那些陶塑小动物便是他们的杰作。当然，从不实用的陶塑到实用的陶器的质变，与农业的发展和定居生活的出现息息相关。陶器是易碎的，不利于频繁地搬运。旧石器时代人类从事渔猎和采集经济，居所不定，常要迁徙，即使居于洞穴，也是季节性的，夏秋食物丰富的时候，他们常在野外打猎，陶器是不适合携带的。到了新石器时代，人类的经济生活发生了根本变化，不再是“攫取性经济”，而是“生产性经济”，人们开始种植谷物，这就要求他们长期在

① 中国硅酸盐协会编:《中国陶瓷史》，文物出版社，1982 年版。

某地定居下来；同时，饮食方式也发生变革，以往鱼肉可以烤着吃，而谷物不能烤，需水煮才行；另外，人们也迫切需要用容器来贮水或保存小颗粒的谷物，于是陶器便产生了。

我国各地新石器文化陶器有各自的特点，下面简要地介绍一下：

黄河流域新石器文化陶器：（1）裴李岗文化和磁山文化。属新石器早期，发现于豫中、豫北。裴李岗陶器以红陶为主，有泥质和夹砂两种；磁山文化陶器绝大部分为红褐夹砂陶，其次为泥质红陶。裴李岗陶器器形简单，仅

裴李岗文化出土的红陶双耳壶

磁山文化出土的红陶盂

碗、钵、壶、罐等几种，以小口双耳壶最具代表性；磁山陶器器形增多，其中盂的数量最多。总的说来，裴李岗陶与磁山陶在烧成温度（均为900～960℃）、陶质、成型方法（均为手制）上基本一致。（2）仰韶文化陶器。它比裴李岗文化和磁山文化陶器发达，手制虽还很普遍，但已有了初级的陶轮，这说明慢轮制陶已经产生。陶质以细泥红陶和夹砂红陶为主，灰、黑陶少见。但有极少的白陶。仰韶人已开始讲求纹饰，有磨光、拍印、彩绘多种，尤以彩绘引人注目，颜色多为赭红、白和黑。彩陶是仰韶文化的卓越成就之一，但其色彩绘于烧制之前，故烧后容易脱落。仰韶文化中心区可分为多个类型，如北首岭类型以口沿饰点刺纹深腹平底或带假圈足的钵、底部带三尖锥足的杯和带三矮足或圆锥足的罐、三足壶形器为典型；半坡类型以圜底钵和盆、细劲瓶、直口尖底瓶、锥刺纹罐以及小口大地瓮为主要器形，并在一些彩陶钵上发现刻画的符号；庙底沟类型以曲腹小平底碗、卷沿曲腹盆、双唇尖底瓶、圜底罐、镂孔器座为主；另外，西王村类型的宽沿盆、大口深腹瓮，后港类型的红顶碗，大司空村类型的曲腹、折腹盆都各具特色。综观仰韶文化陶器，最有特点的是小口尖底瓶了，它是用来汲水的器皿，用绳子悬挂，触

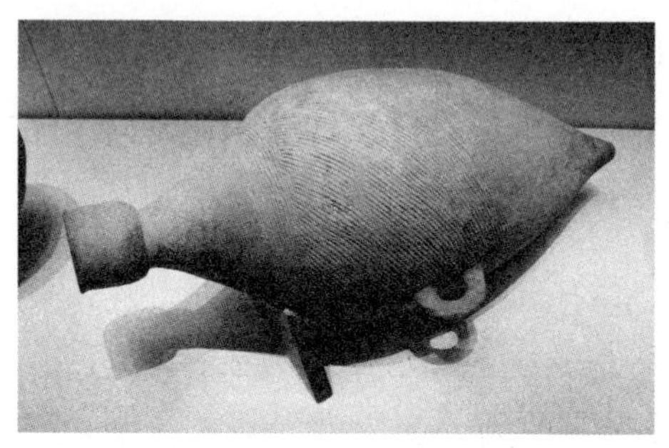

仰韶文化出土的小口尖底瓶

及水面后自然倒伏汲水，灌满后又自行垂直，符合力学原理，使用方便，充分体现我国先民们的才智。（3）中原龙山文化陶器。中原龙山文化继承了仰韶制陶的传统，并在此基础上有所发展，烧成温度提高，故灰陶增多，红陶与黑陶居于次要地位。轮制（慢轮）进一步推广，出现鬲、鬶、甗等新器形。鬲从原有的斝发展而来。把单把鬲的口部延伸成流，便成了鬶。而甗则是甑和鬲的结合，可用来蒸食物。另外，值得注意的是陶器中出现了少量蛋壳陶，即胎薄似蛋壳，这应该与轮制有关。早期龙山灰陶烧制温度为840℃，到晚期灰陶和红陶的烧成温度均达1 000℃。当然，由于地域

龙山文化甗

不同，中原龙山文化陶在各地遗址中有不同的特点，如河南晚期龙山文化以双耳杯、折腹盆、高领鼓腹罐、大圈足豆等具有代表性；而山西龙山文化陶器形非常简单，其单耳罐、高领折肩罐却似甘肃齐家文化陶器。（4）黄河上游的马家窑文化与齐家文化陶器。马家窑文化红陶烧成温度在760～1 020℃，彩陶为800～1 050℃。其中泥质陶绝大部分有彩绘，有些器物如碗、盆等甚至里面也画彩。在马家窑文化陶窑遗址中也曾发现研磨颜料的石磨盘，调配颜色的陶碟，可以说该文化彩陶相当发达。马家窑文化彩陶可分四种类型，各具特色：石岭下类型以砖红色作底，用黑色彩绘，构图疏朗，器形有小口双耳平底瓶、侈口长颈圆腹壶、高领彭腹罐等；马家窑类型内彩较为发达，有一彩陶盆内画集体舞蹈纹，线条简朴但颇为传神，是难得的艺术品，器形有敛口深腹双耳罐等马厂类型彩陶，制作较为粗糙，有的施加一层红陶衣，其四耳盆、腹部带突钮的单耳筒形罐及人形器口的彩陶罐较为别致。齐家文化继马家窑文化而起，活跃于黄河上游的甘青地区，日用陶器较为朴实，以泥质红陶、夹砂红陶为主，红陶的烧成温度为800～1 100℃。陶器多为手制，小件的则用手捏成。部分器物颈、腹、底是分别制好再拼接起来的，有些大双耳

马家窑文化出土的舞蹈纹彩陶盆

罐里有结合的痕迹。纹饰多绳纹和篮纹，图案规整，讲求对称是齐家文化彩陶的特点。另外，齐家文化的陶土雕塑艺术相当发达，动物、人像制作逼真。（5）黄河下游的大汶口及山东龙山文化陶器。处于山东、苏北一带的大汶口文化，最初以手制陶器为主，采用的是泥条盘筑法，后来慢轮修整推广，器形变得规整。他们会根据器物的不同用途对陶土作不同的处理，有的作精心的淘洗，是为美观起见；有的却要有意加入砂粒作“羼合料”，这样做的目的是提高釜之类的炊器的耐热急变性能，不至于在火上烧裂。在豆和高足杯上镂三角、圆形或菱形孔洞是大汶口文化陶器的一个特点。另一特点是陶色特多，红、灰、青灰、黄、白、黑都有。陶塑亦非常生动。器形中，扁背壶是大汶口独有的器物，它使用于迁徙的生活，到了大汶口晚期定居生活已经很普遍的情况下它才消失。山东龙山文化在大汶口文化的基础上又有所发展，轮制使器形越来越规整，胎越来越

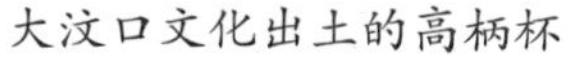

大汶口文化出土的高柄杯

龙山文化出土的薄胎黑陶高柄杯

薄。有种黑陶胎壁仅0.5～1毫米，乌黑发亮，有蛋壳黑陶的美誉。蛋壳黑陶的出现，表明新石器时期的制陶业达到了顶峰。

长江流域新石器文化陶器：（1）长江中游的大溪文化与屈家岭文化陶器。大溪文化陶器以红陶为主，也有一定数量的灰陶和黑陶，个别遗址中也见少量白陶，也有薄胎的黑陶出土。制法为手制，口沿部分有的经慢轮修整。据测定，大溪文化陶器烧成温度为600～880℃，其特色器物为筒形彩陶瓶、屈腹杯、圆锥足罐形鼎和簋等，器物多

大溪文化出土的黑陶杯

屈家岭文化出土的彩陶壶

有圈足，且足上有戳印纹。屈家岭文化可能继承了大溪文化，其陶器的制作与大溪文化有许多相似之处，早期黑陶居多，红陶不多，晚期以灰陶为主。彩陶的烧成温度在 900℃左右。其代表器物有高圈足杯、三足盘、圈足碗、长颈圈足壶、盂形器、扁凿形足鼎及带盖和底附矮圈足的甑等。屈家岭文化有自己的薄胎彩陶，壁厚仅 1 毫米，常见于碗和杯，外施陶衣，彩绘精细。除此之外，彩绘也见于屈家岭文化的陶纺轮上。（2）长江下游的河姆渡文化、马家浜文化、良渚文化陶器。河姆渡文化是长江下游最古老的新石器文化，制陶较为原始，以手制为主，器形也较为单一，不少黑陶夹炭，烧成温度不高，为 800～930℃。陶土中夹炭，是羼入植物茎叶、稻壳所致，目的是为了减

少黏土黏性，防止收缩开裂。器形以釜和罐居多。总体而言，河姆渡文化陶器形制不甚规整，胎质疏松，但有一些器物设计还是颇为别致的，动物纹饰也很逼真。马家浜文化继河姆渡文化而起，陶器以夹砂红陶为主，有部分泥质红陶、灰陶和少量黑陶。红陶的烧成温度是760～950℃，灰陶是810～1 000 ℃，已出现慢轮修整的做法，尤其是晚期的灰陶多用轮制。器形以“腰沿釜”（腹部有一道宽沿的釜）最为罕见。良渚文化继承了马家浜文化，其罐形豆和鱼鳍形鼎足与马家浜文化相似，陶器泥质黑陶最富特征，有壁厚1.3～2.0毫米的蛋壳黑陶出土，除少数

河姆渡文化出土
夹炭黑陶腰沿釜

马家浜文化出土的红砂陶鬲

良渚文化出土的黑陶豆

特殊器物外，已普遍采用轮制，所以器形非常规整。

其他地区的新石器时代陶器：（1）东南地区。东南的江西、福建、台湾、两广分布着大量的新石器时代遗存，那儿多山地、洞穴，又近海，渔猎经济相当发达，农业倒相对落后。那里的人们常吃柔软的贝肉，所以发现许多贝丘遗址。在这农业不发达的地带，陶器又是怎么产生的呢？通过发掘，我们发现那儿的陶器以绳纹红陶为主，火候不高，胎壁不均，极易破碎，它们与打制石器并存，年代是相当久远的，曾在桂林庙岩遗址出土过 1.5 万年前的原始陶片①，属旧石器晚期，打破了陶器是在新石器时代产生的传统观念，这不得不让我们重新考虑陶器的起源。周国兴先生认为，东南地区的陶器并非因农业的需要而产生，“华南不仅食野生稻米、植物种子或块根，更应是螺蚌类腥味较大又难生吃的动物，紧闭的壳，深藏其中的肉需水煮方能取出”②。这种观点虽然只是推理，但却提醒我们：陶器的产生是复杂的，各地有各地的情况，发明陶器并非出自同一个原因。晚期的东南地区陶器，有了发展，

①② 周国兴：《时光倒流一万年》，湖南教育出版社，原载《崛起的文明——人类起源的文化透视》，东北林业大学出版社，1996 年。

器形富于变化，烧成温度也提高到900～1 000 ℃，个别达到1 100 ℃。江西山背文化的细颈大袋足带把鬶，广东石峡文化的浅腹子母口三足盘，福建闽侯县石山文化的圜底釜都各具特点。值得一提的是台湾高雄凤鼻头遗址与闽侯县石山文化相似，年代相仿，可见我国古代先民早已跨越了台湾海峡，在那儿创造了灿烂的文明。（2）北方草原地区。由于这些地区多渔猎经济，在新石器时代畜牧业尚未兴起，农业更是落后，陶器器形简单。当然也有少量从事农业生产的定居聚落陶器较为丰富，赤峰地区的红山文化陶器就是代表，陶质细腻，烧成温度很高，有900～1 000 ℃。有些器物有仰韶文化的特点，可见仰韶、龙山与北方一些新石器文化的交流早已有之。除红山文化陶器，在沈阳北陵新乐遗址、巴林左旗富河沟门遗址也有许多

昙石山文化出土的陶釜

红山文化出土的彩陶盖罐

商代印纹陶鸡形壶

陶器发现。(3)西南地区。目前材料不多，现以云南元谋大墩子遗址为例简要叙之。陶器以夹砂陶为主，多为灰褐陶，红陶次之，晚期除夹砂陶之外又有了泥质红陶和灰陶，全为手制，小器件捏塑，大器件泥条盘筑。陶器种类不多，唯独瓮形器庞大，多作瓮棺用。倒有一种鸡形壶颇为传神，通体作鸡形，背、尾饰乳钉纹三行，腹部饰点纹作羽毛状，口部两侧各有乳钉，颇似眼睛。

总的说来，新石器时代的人们根据不同的需要，将陶土做成各式器物，种类繁多：碗、盆、杯、罐、鼎、瓮、瓶、钵、灶、釜、鬲、鬶、豆、斝、罍、甑、甗、器物支座等。而同一种陶器在不同的地方有着不同的形状与风格，有的侈口，有的敛口，有的直口；有的平底，有的凹底，有的尖底，有的圜底；有的袋状足，有的真圈足，有的假圈足；有的深腹，有的浅腹，有的曲腹；有的高高瘦瘦，有的矮矮胖胖；有的色彩斑斓，有的素面无华。正是由于各地陶器在器形、火候、纹饰、风格上的千差万别，

使我们得以比较、辨别不同的新石器文化。

一件陶器的制作，要经过淘洗、制坯、修饰、烧制这几个步骤，我国的先民们在实践的过程中不断在各步骤中寻求改进，才使得陶器的质量不断提高，形式日益多样。早期的陶器总是相当粗糙，又经过长时间的埋葬，一碰就碎，无法复原；后期的陶器不但质硬，而且精致美观，给人以艺术的享受。例如山西华县太平庄出土的鹰形鼎，庄严而凝重，是一件难得的艺术品。那么，制陶工艺的进步，具体表现在哪些方面？（1）取土。并非所有的土都能制陶，最好使用红土、沉积土、黑土或其他黏土，否则可塑性太差，器难成形，容易碎裂。（2）淘洗。淘洗得越精，土中杂质就越少，制出的陶器就越细腻光滑，就算胎薄也不易碎裂，所以后期的陶器泥质增多。但夹砂陶也有它的用处，炊器往往需要掺和砂粒，提高其耐热即变形，防止在火上加热时破裂。从仰韶文化晚期起，已出现了白陶，白陶含氧化铁极少，是最优质的制陶原料，对以后瓷器的产生有很重要的作用。（3）制坯。制坯分两种，手制和轮制。手制又分为捏制和泥条盘筑。捏制一般制作小型器物，器壁上常有指纹，且器形也不如轮制规整，而且大型器物是不能用手制的。对于大型器物，在没有轮制的情况下只得用古老的泥条盘筑法：把泥搓成泥条，然后一圈圈由下往上盘起来，并将里外抹平，制成器形。轮制比手制先进，它是将泥料放在陶轮上，借其快速转动的力量，用提拉的方法使之成形，它能使器形规整，厚薄均匀。轮制陶器在山东龙山文化盛行，故有厚度仅 1 毫米的蛋壳陶出现。陶器制法的演变基本上经过手制—慢轮修整—快轮制作的过程。这里要指出的是并非所有的新石器文化都有轮制陶器，这可能与各地不同的制陶习惯有关，但轮制的发明无疑是手制基础上的一个飞跃。（4）修饰。修饰陶器表面是为了让陶器更实用或更美观，如磨光可使陶器表面光滑而易于上色，有时加上纹路则是为了便于拿捏，不会脱手，漂亮的纹路也起到了美观的效果。至于陶器上的彩绘，其用意自然不必多说了。（5）烧制。一件陶器能否最终制成，关键在于烧制，否则它永远是一堆泥土。烧造的温度很有讲究，最原始的陶器并非入窑烧造，而是平地堆柴烧制，这种制法叫平地堆烧法，我国西南某些少数民族仍用此法制陶。由于与空气接触，温度无法升得很高，这样烧制的陶器不但易碎，而且受热很不均匀。到了 9 000—8 000 年前的裴李岗文化时期，出现了陶窑。陶窑为陶器的烧造创造了一个封闭的空间，热量不易

散失，受热比较均匀，这样既提高了烧成温度，也提高了陶器的质量。陶窑有横式窑和竖式窑之分，前者较为落后，火膛位于窑室同一水平线上，后者火膛在下，窑室在上，火道垂直，火眼也多了，更有利于提高窑温。灰陶的大量出现便是窑温提高的表现，那是因为充分燃烧耗光了窑内的氧气，陶土内的氧化铁还原成铁，陶色便发灰了。

（二）原始玉器

在古代中国，史籍中有大量关于玉的记载，如“古之君子必佩玉”(《礼记·玉藻》)；“君子至止，黻衣绣裳，佩玉将将”(《诗经·秦风·终南》)；“以玉作六器，以礼天地四方：以苍璧礼天，以黄琮礼地，以青圭礼东方，以亦璋礼南方，以白琥礼西方，以玄璜礼北方”(《周礼·春官·大宗伯》)；“润泽以温，仁之方也；鳃理自外，可以知中，义之方也；其声舒扬，专以远闻，智之方也；不挠而折，勇之方也；锐廉而不忮，絜之方也”(许慎《说文解字》)。……可见玉在中国文化中的高贵地位，无论君子养德，还是男女定情，都少不了以玉为证，所以中国的玉文化博大精深，非其他民族能比。李约瑟在《中国科学技术史》第五章提到："对玉的爱好，可以说是中国文化的特色之一。"下面我们就来看看玉器文化的发端，探索高雅光洁的玉是怎样开始为人所尊崇的。

首先我们要了解玉为何物。许慎在《说文解字》中称："玉，石之美者。"《辞海》也说得模糊："温润而有光泽的石头。"由此概念推之，古代的玛瑙、松绿石、水晶甚至玻璃都可作玉。严格说来，玉分软玉和硬玉两种，软玉是"角闪石"，硬度在 5.5—6.5，比重为 2.9—3；硬玉为"辉石"，硬度在 6.5—7，比重为 3.3—3.38。自商代起，普遍使用软玉，即狭义的玉器，新疆和阗美玉便是软玉，而我们要讨论的原始玉器基本属于硬玉，即广义的玉器。

玉的产地很多，在新石器时代，玉的原料多就地取材，由于年代久远，有些玉矿因为开采过多而枯竭，逐渐为人们所遗忘。《山海经》中记载玉矿或玉器制作地共 207 处，但它们究竟何在，我们已不得而知了。在原始社会，由于交通工具的限制，人们不可能去遥远的地方开采玉料，所以就地取材加工是毫无疑问的。

中国的原始玉器，萌芽于新石器时代早期，成熟于新石器时代中晚期。大约在公元前 5000 年左右，原始玉器的制作达到巅峰，各地制玉蓬勃发展，北到东北辽河流

域，南至东南沿海地区，形成一个半月形的分布带。南北各地的“尚玉部落”各有特色，最具代表性的是东北红山文化玉器和华东、华南的良渚文化玉器，而受两种玉文化影响的黄河中下游龙山文化玉器的制作却逊色许多。

红山文化距今 5 300—5 000 年，出土大量玉器，多在墓葬中，其玉器的特色是龙、鸟、龟、鸮等动物形玉器，玉色以青绿为主，也有黄、白等色，雕法多样，圆雕、浮雕、透雕、两面雕、浅刻等都见运用，动物形象栩栩如生，活灵活现。1970 年在内蒙翁牛特旗三星他拉村出土的大型“C”形玉龙，是红山文化玉器的象征，古朴遒劲，刻画精湛。它也表明，龙早在新石器时代就为我们所崇拜，是我们中华民族的图腾。

红山文化出土的“C”形玉龙

良渚文化距今 5 300—4 200 年，与东北红山文化并驾齐驱，它直接继承马家浜文化（距今 7 000 年左右）和崧泽文化（距今 6 000—5 500 年）而来。早在马家浜文化遗存中已出土不少玉器，如玉璜、玉玦等小佩件，玉料质好，形制和工艺也初具规模。崧泽文化时期种类已相当丰富，有环、玦、琀、璜、玉镯、项饰、玉斧、玉锛等。良渚文化玉器自然集优秀制玉工艺于一身，历来为古玉藏家所重，早在二十世纪三四十年代就大量出土，却因兵荒马乱而未得到妥善保护，甚是可惜。良渚玉器的质料绝大多数是矿物学上的软玉（真玉），这表明良渚文化居民已初步学会了判断玉质，使中国古代玉器开始走出玉石不分的阶段。良渚美玉种类繁多，有璧、琮、璜、镯、管珠、坠、锥形饰、冠形饰、柱形饰、柄形饰、牌饰等，当然也有许多龟、鸟、蝉、鱼等动物形玉器，其技艺之精湛令人惊叹不已。另外，璧、琮的大量出现表明玉器不再是单纯的装饰品，而是宗教神权以及后来王权的象征（该现象下文将作探讨）。当然，良渚古玉能在各地古玉中独占鳌头，必然会对周边地区产生深远影响。调查表明，长江中游的大溪文化（距今 6 700—5 500 年）、珠江流域的石峡文化（距今 4 900—4 700 年）出土的琮和璧和太湖流域的同类玉器有着渊源关系①。至于良渚文化玉器对黄河流域的影响，则更为深刻。

---

① 赵丛苍主编:《中国古代玉器》，西北大学出版社，1993 年。

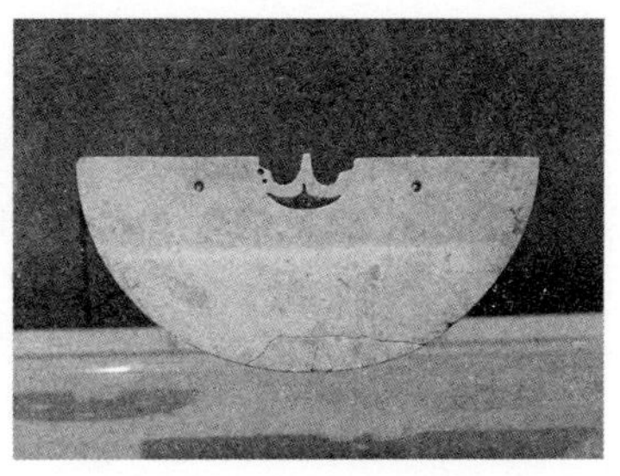

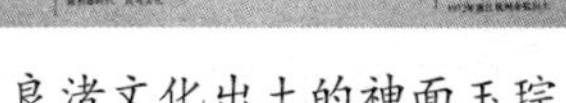

良渚文化出土的神面玉琮

良渚文化出土的玉璜

黄河流域的彩陶艺术多姿多彩，但它在玉器上的成就却黯淡了许多，除山东大汶口文化和龙山文化有较多的玉器出土外，其他地区多半寥寥无几，或是昙花一现罢了。如距今 7 000—5 000 年的仰韶文化时期，几乎没有玉器留存，只在西安半坡、临潼姜寨遗址中发现少量粗糙的玉坠饰，制作也相当简朴与原始，与它发达的彩陶文明形成鲜明的对比。所以有学者将黄河流域的广大地区称作“擅长彩陶的部落”而不是“崇尚古玉的部落”，是有道理的。山东一带的大汶口文化（距今 6 300—4 400 年）也出土玉器，虽难与红山、良渚文化媲美，但也足以占中国玉器的一席之地。大汶口玉器以饰物为主，颜色以青、淡绿、白为多，见有不少以石代玉的饰件，大概是玉料不够丰富的缘故。玉器制作精良，不少玉器至今莹润；抛光、钻孔也相当娴熟，其中的双连璧与红山文化的双连、三连璧有几分神似，但其四连环璧模拟花朵的造型，为大汶口所独有。紧接大汶口文化的是山东龙山文化，因受到了红山文化、良渚文化的影响，玉器制作也相当发达。1969 年出土于山东日照两城镇的玉兽面纹锛，背部双面阴刻兽面纹，以双眼为中心，以旋转曲线展开，形成整个面廓，狰狞可怕，后代青铜器上的兽面纹，大概来自于此。

黄河中游的龙山文化陶寺类型遗址，出土一定数量的玉器，但玉质较差，制作粗糙。陕西北部的神木石峁龙山文化遗址也曾在 20 世纪 70 年代出土过不少玉器，当时没有得到妥善保护，到了 70 年代后期，通过调查和征集，又获得不少，其中刀、戈等玉制“礼兵”即象征性兵器占很大比重，而且碾磨光滑，线条流畅，各具特色。

综上可见，我国在新石器时代，玉文化便相当发达，虽各地数量有多寡之分，制作有精粗之别，但基本上每个文化遗址都有自己的玉器制作，可以说玉器是我国新石器文化不可或缺的组成部分。原始玉器古朴稚拙，但一直扮演着十分重要的角色，这一特征是其他文明所没有的。至于有人认为中国在新石器与铜器时代之间存在一个“玉器

时代”，这种说法仍值得商榷[①]，但它无疑表明了玉器在中国独一无二的地位。

那么，玉器究竟是如何为人们所看重，原始玉文化，走得又是怎样的发展轨迹呢？这不得不从石器的制作说起。原始社会早期，玉石不分，也就是说人们在打制石器时，也会把天然的玉石打成石器，所以最初的玉器应该是实用的，并不是装饰品或祭祀用品，它与石器一样，用于生产。发掘出的玉器如玉斧、玉刀等，刃部多有磨损或缺口，那便是实用的证据[②]。后人称玉为“美石”，是因为美是客观物质和人主观意识结合的产物，玉就是这种可唤起美感的物质，莹润、细腻、坚硬而有光泽，似乎透露着一种灵气。所以原始人类在精神文明发展的进程中，学会用兽牙、蚌珠串成装饰品，也学会了将玉、石区分对待。玉器遂脱去实用的外衣，成了装饰品。一类是佩挂于身的，如早期的璧、琮。璧为扁平圆形，正中有小孔的器物，早期的璧较小，边廓上多钻小孔，应是佩饰。琮是外形立方体，中穿圆孔的玉器，早期的琮较小，类

① 高一龙：《“玉器时代”说商榷》，《文物研究》，1993 年第 3 期。

② 于建华：《黑龙江出土的新石器时代玉器及相关问题》，《北方文物》，1992 年第 4 期。

似于镯，也是佩饰。其他如玦（扁平圆形或环形，有一缺口）、管、珠、坠、串饰、勾云形玉饰等均为佩戴的玉饰。另一类是动物形装饰品，有红山文化的玉猪龙、玉龙、玉龟，良渚文化的玉蝉、玉鸟，陕西神木石峁龙山文化遗址的玉蚕、玉螳螂，大汶口文化的玉人等。这些玉饰品都反映了原始人对美的渴望与追求。随着生产力的发展，贫富差距拉大，财富为少数人所把持，这是必然的，于是玉器在作装饰品的基础上逐渐成了神权、王权的象征。富人的墓葬中动辄就有成千上万的玉器陪葬，而穷人则少得可怜。到了原始社会末期，玉器几乎成了上层人物的象征，大量玉制兵器如刀、斧、钺等都代表着他们的权势和地位。如良渚文化随葬的玉钺，磨制极为精细，有的刃部还刻画出极为精美的神徽，神圣而庄重。那一定是部落特权人物驱使大批劳工制作的，特权首领有征战杀戮之权，他们就是依靠这些玉钺发号施令，这是中国王权的雏形。

原始玉器便是走着从生产工具—装饰品—权力象征这样一条不断成熟发达的发展轨迹。当然，原始玉器还有一大职能，可能独立于该轨迹之外，一直在发挥作用，那就是它在原始巫术上的作用。大量人类学和考古学资料证明，史前人

类在从野蛮时代向文明时代的进步过程中，巫术盛行不衰。巫术是人类在生产力低下，对自然世界的畏惧基础上的一种自我保护意识，伴随着“强烈的情感，奇妙的想象，真诚的信赖和执著的追求”①，“原始先民认为，玉是山川自然的精英”②，玉是他们与天地、神明对话的媒介。于是当他们祭祀祖先、图腾时，都将他们心目中的祖先、图腾的形象表现在玉上。红山文化的玉龙、沿海新石器玉上的鸟纹以及广泛出现的兽面纹，无不反映先民们的原始崇拜。同时，玉器作为随葬品，大量出土于新石器时代的墓葬中，这一风俗为商周所继承，并形成明确的葬玉等级制度，经济地位不同，葬玉的数量规模皆不同。这时的玉器已被神化，起着礼器的作用，极具神秘的宗教色彩和巫术意义。

中国有着博大精深而自成体系的玉文化，其发端便在新石器时代那些质朴无华的原始玉器中。后代玉器的礼乐化、道德化、审美化都是在此基础上发展而来的，我们要了解中国人深层次的观念形态和中国传统文化的独特个性，可以从考察原始玉器开始。

---

① 邓福星:《艺术前的艺术》，山东文艺出版社，1986 年。

② 张燕:《论中国玉器的形而上意义及其衍变》,《东南大学学报》(社科版)，1999 年第 11 期。

（三）原始铜器

一般认为，石器时代结束，代表着铜器时代的开始，然而在这两者之间，存在一个铜、石并用的时期。在新石器时代末期，很多地方出现零星的铜制品，那就是最原始的铜器，它预示着使用石器的时代正走向末路，一个全新的、更文明的时代正在酝酿。

原始铜器，主要发现于中原仰韶文化、龙山文化和甘肃齐家文化中。仰韶文化遗址中出土过含镍 20% 的白铜片，临潼姜寨遗址出土含锌 25% 的黄铜片，在辽宁大连市羊头洼、山西榆次源涡镇、山东胶县三里河、河北唐山大成山的龙山文化遗址中分别出土过青铜片、铜渣、铜锥、铜牌；齐家文化出土铜器更多，有刀、坠、凿、环、铜片、铜渣、钻头，甚至有完整铜匕、铜镜等。另外，在更早一些的马家窑文化、马厂类型也出土过青铜刀①。这些原始铜器有

齐家文化出土的青铜镜

① 材料引自安志敏:《中国早期铜器的几个问题》,《考古学报》, 1981年第3期。

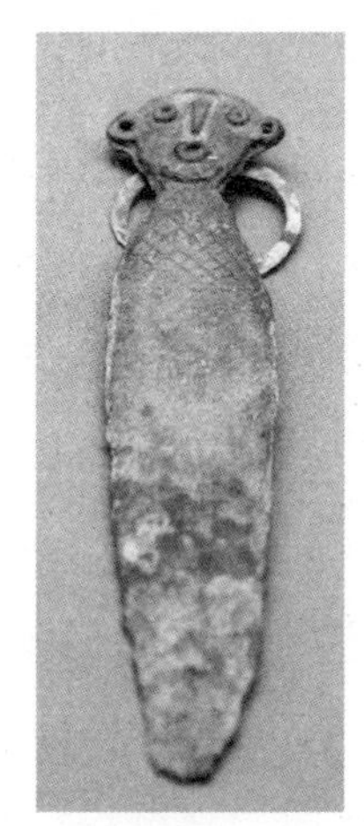
辛店文化出土青铜匕首

些如刀、斧、锥、钻等明显是工具，另一些如铜指环、铜泡、条形饰等为装饰品[①]。如铜指环出土于墓葬主人的手指处，当为戒指的雏形。

从铜的成色来看，有青铜、纯铜、黄铜和白铜。学术界对青铜器、黄铜器、白铜器是否确实为新石器时代的工具，颇有争论。一般认为，红铜，即纯铜，是新石器时代所有的，铜、石并用时代实则就是“红铜时代”。但在龙山、仰韶文化发现其他铜，便引发了青铜、黄铜、白铜与红铜究竟孰先孰后的问题。

铜器如何起源？在自然界，红铜矿石以及铜与其他金属的共生矿分布广泛。很多新石器时代的红铜器，是天然红铜矿捶击延展而成，这叫做冷锻法。试想原始人在打制石器的过程中，自然也会把铜矿石作天然石料处理，继而发现它有延展性，不易碎裂，又有光泽，于是他们用冷锻法制作他们的工具或装饰品。冷锻制纯铜器，这一点基本

① 材料引自安志敏:《中国早期铜器的几个问题》,《考古学报》, 1981年第3期。

无异议，但青铜、黄铜、白铜含铅、锌、锡等物质，其硬度大，自然不能捶击，需要一定的温度，用熔铸法方能制成。那么新石器时代究竟能不能炼成青铜、黄铜呢？有学者认为，新石器时代早已能炼成青铜，甚至早于红铜①。以黄铜为例，龙山文化所在地区富含黄铜矿，龙山陶窑温度已高达950—1 050℃，符合了制黄铜的温度需求。黄铜矿含氧化铜（CuO）与氧化锌（ZnO），在木柴燃烧产生的一氧化碳的作用下，氧化锌被还原成锌，锌在906℃气化，同时，氧化铜被还原成铜，在温度降低过程中，气化的锌会熔于铜中，形成黄铜。同理，氧化铜与氧化锡（PbO_2）共生矿在煅烧后也会还原，形成青铜。自然界存在纯铜的概率自然不如铜与其他有色金属共生矿大，因此古人完全可能接触铜锡合金矿或铜锌矿，制成青铜和黄铜，况且当时已有了熔铸的条件——温度。那么古人又是怎么想到用熔铸法制铜呢？唐兰认为是古人为采石料，在试图用火烧裂大块岩石时，偶尔发现矿石的熔化，悟感到可以用火来提炼金属②。但这种说法也缺乏证据，以待更多考古资料证实。

---

①② 唐兰：《中国青铜器的起源与发展》，《故宫博物院院刊》，1979年第1期。

铜器就是在人类打制石器的过程中产生、分化出来的。在新石器时代晚期纷纷出现在富含铜矿文化遗址中的，多为纯铜，质地较软，也有少量青铜、黄铜等。但因铜器处在原始阶段，硬度低，不如燧石坚利，即使能制出青铜，技术也尚未成熟。在石器为主流生产工具的时代，铜器不可能普及化，故最多只能称为铜、石并用时代。然而随着人们在矿物学和冶炼技术方面经验的逐渐丰富，铜器替代石器的日子已是指日可待的了。二里头文化迎来了青铜器时代的曙光。

（王胤卿）

四　原始聚落

阐述原始社会，不能不讲聚落。因为人的本质是社会的，无论是生活在树上还是天然洞穴里，人都是群居的。人类起始阶段，往往是穴居野处或是“构木为巢”，这种最原始的“群居”，是人类童年时代的蒙昧反映。大约在七八千年前，当原始先民告别洞穴，开始在旷野搭建生活空间，从事生产劳动时，聚落——这一历史文化现象就如雨后春笋般在中国大地上出现了。聚落不单单是我们所看到的远古村庄遗迹，它更是原始文化的缩影，反映着那个时代的生活方式、家庭结构、建筑文化、经济地理、军事防卫、政教权力、社会分工、风俗习惯。本节将以时间为线索，通过不同时期的几个具有代表性的聚落遗址，介绍原始社会聚落的基本结构、文化内涵、形态演变及史前生活的变化轨迹。

（一）聚落萌芽：穴居野处与“构木为巢”

休憩与睡眠，是人生理的基本需求，也是人能活下去的保障条件。要恢复体力，要补充睡眠，便需要一个居住的场所。最早的人类面对各种凶猛的兽类，无疑是弱小的，他们必须选择群居。而天然的洞穴，是他们的住所。可以说，人类的“童年”，是从洞穴生活开始的①。

“上古穴居而野处”②，穴居是一种历史现象。洞穴孕育

旧石器时代的穴居生活场景

① 广义的“穴居”包括天然洞穴生活和人工半地穴、横穴生活，此处仅涉及天然洞穴的生活方式。后两者在下文中探讨。

② 《周易·系辞下传》。

着人类，穴居代表着人类最初的居住文化，它对于人类的演化和进步，起了保障和推动作用。

一是使孱弱的人类免受猛兽攻击。暴露在旷野里，自然危机四伏，而洞穴一般只有一个出口，易守难攻，若再加以有意识地改造，点上一把火，或用障碍物堵在洞口，则能更有效地赶走野兽。山洞如一把天然的保护伞，隔绝了外界的威胁，使得人类得以安全地繁衍生息。

二是改变了人类的某些生理特性。古猿在树上生活时，上肢是重要的攀爬工具，双眼得一直注意下方的动静；另外，树上有充足的食物，光食果、叶就能填饱肚子。但到了洞穴生活，双眼不能只盯着地面，况且洞穴光线昏暗，为了看清物体，必须学会直立行走，然后双眼才会适应平视；同时，洞穴面对的常是较为开阔的草地、河流，素食来源不多，倒有诸多动物，河流中也有不少鱼类和贝类，这为人类提供了丰富的肉食之源，改变了人类素食的习惯，吃了鱼和肉，人才变得更聪明和强壮。最后，灵长类动物常在白天活动，避开大型掠食动物的觅食时间——黎明、黄昏或夜间。洞穴如同高大的树冠一样让他们晚上安然地睡觉，白天更有精神。但由于洞穴比树冠更能遮挡阳光，它们厚长的体毛便成了累赘，最终退

化了。

三是给人类使用火和石器创造了有利条件。自然界的火多来自雷电，原始人在穴居前很难保留这自然的恩赐，多变的天气如大风、下雨都会随时将火熄灭，而在洞穴里，只要不断地添加燃料，火种可以保存相当长的时间。北京猿人洞穴里那 6 米厚的灰烬，说明他们曾不遗余力地保存火种。在人类尚不会人工取火时，有着御寒、驱兽、烧制食物等多重功用的火一旦熄灭，他们的生活就要陷入绝境。石器的发明也与洞穴有关，树上的猿不常接触石头，而洞穴里石头俯拾皆是，这就促使他们思考如何利用这些石块。开始他们可能先用天然的锋利石头，渐渐他们学会了打击出锋利的石器。

四是有益于后代的养育和保护。怀胎的母体和出生的幼儿是最柔弱的，有了洞穴，母体与幼仔可以安心地休养，并进行最原始的教育和知识传授。法国尼奥斯洞穴中的“野牛中箭图”，其颈部偏后部分和腹部分别画着四个箭头，而且都“射中”要害，似乎就是原始人在洞穴里教育后代狩猎技巧时的演示图。

五是意味着定居生活的萌芽。原始人对洞穴如此依赖，在他们没有能力为自己盖住所时，他们不得不长期住在山洞里，他们在洞穴里储藏捕来的猎物，在山洞里寻找可制成石器的石块，并在山洞里繁衍后代，教育子女。这样的生活方式比频繁的迁徙稳定安全，更有利于人类的进步。可以说山洞使原始人意识到定居生活的优越性。

我国境内穴居遗址发现不少：广西柳城县乩寨山峭岩洞、大新县榄墟正隆乡那隆屯牛睡山黑洞、湖北郧县猿人洞、郧西县白龙洞、辽宁鸽子洞、贵州观音洞、梓县洞穴、广东狮子山猿人洞、辽宁营口金牛山洞穴、广西隆林那来洞、湖北长阳龙洞、贵州兴义县张口洞、贵州安龙县观音洞、广西柳江通天洞、山西和顺县当城旧石器洞穴、北京周口店龙骨山山顶洞、广西靖西县宾山南洞、贵阳飞虎山洞穴、江西万年仙人洞、桂林甑皮岩洞穴、广东阳春独石仔洞穴、湖南武岗县四季岩洞穴、内蒙大兴安岭北部嘎仙洞、辽宁本溪庙后山洞穴、辽宁海域仙人洞洞穴、广西柳州白莲洞、广西灵山洪窖洞、湖南贵阳岩乩洞、贵州普定穿洞洞穴和白岩角洞穴、贵州兴义猫猫洞、贵州六枝桃花洞、云南畴西仙人洞、江西东平涌山洞、广西桂林宝积岩洞、台湾台东长滨乡八仙洞等等。

以上发现的洞穴，大部分属于旧石器时代，当然，也不乏新石器时代的，如广东阳春独石仔和湖南武岗县四季

岩洞穴就是新石器时代的文化遗址。可见人类到了有能力制造半地穴建筑的时代，仍有不少原始人住在天然洞穴里。

原始人如何选择合适的洞穴居住？首先是洞穴所处的大环境。不是所有的洞穴都适合人类居住的，纵观洞穴遗址，大多数位于向阳、背风、面南、食物丰富、接近水源的小山坡上。选择向南的朝向可挡住北来的寒风，又能得到充足的阳光，阳光可使穴内温暖如春，不至于过于潮湿。食物是生存之本，洞穴附近必须有充足的食物，不然原始人便无法生存。“北京人”的洞穴遗存有大量哺乳类、鸟类、鱼类化石，湖泊较多的广西云南一带，洞穴里堆积着许多贝壳化石，都说明在旧石器时代，原始人洞穴附近的食物不虞匮乏。水是生命之源，在人类学会打井以前，唯有利用地表的天然水源及洞穴内经岩层过滤后渗出的地下水，洞穴附近若没有河流、湖泊、小溪、泉眼抑或地下暗河，原始人将不得不迁徙他处。其次是洞穴本身的位置、大小及内部平整度。洞口太高，出入不便；洞口过低，容易淹水。据统计资料①，原始人的洞穴距离地面水位

① 陈伟著:《穴居文化》, 第 47 页, 文汇出版社, 1990 年。

的高度通常是 40 米。如果洞穴太大，则难以控制和管理，况且原始人多居住于能被阳光照射到的洞穴前半部，后部阴暗潮湿，利用价值是不大的。如果洞穴太小，又容纳不下整个群体，因此原始人的洞穴都不是很大的，一般在一两百平方米上下，如桂林甑皮岩洞穴为 180 平方米，贵阳观音洞 180 平方米，北京山顶洞 110 平方米，山西和顺洞穴 275 平方米①。这样洞穴既易守卫又易管理。另外，洞底崎岖不平或有太多洞口，容易形成空气对流而无法保温的洞穴也是不适合人类居住的。

通过考古，我们已在中国大地上发现许许多多旧石器时代的洞穴居址，单个居址或某些具有相似性的多个居址构成某个区域的文化特性，形成各种各样的旧石器文化。旧石器时代早期，我国有华南地区的观音洞文化、长江流域的石龙山文化、轰动世界的北京人文化、东北的金牛山文化；旧石器中期，我国有南方桐城人、马坝人、长阳人文化，东北鸽子洞文化；旧石器晚期，穴居虽有减少之势，但也有华南猫猫洞文化、华北小南海文化和山顶洞文化、东北辽河小孤山文化和松花江安图人遗址。穴居在旧

① 陈伟著:《穴居文化》, 第 51 页, 文汇出版社, 1990 年。

石器晚期减少的原因大致有两个：一是沧海桑田的变化掩盖或毁坏了原来的洞穴。如蓝田猿人的化石发现于一座公王岭下，那儿是空旷的平原，但人们在离公王岭不远处发现一个名叫锡水洞的洞穴遗址，由于蓝田人时代秦岭尚未升起，当时的锡水洞与化石发现点仅一岭之隔，洞内化石和动物属种又与蓝田人生活的时代吻合，于是有人说锡水洞就是蓝田人的“家”①。二是人类在旧石器晚期已能够在野外平地架设天幕或窝棚，作为生活营地，不再需要长期住在洞穴里，洞穴的功能开始退化了，有的变为贮藏所，有的变为墓地，有的变为宗教场所，所以到旧石器晚期洞穴遗迹发现较少。

洞穴生活究竟是怎样一幅景象？北京猿人遗址和山顶洞遗址的发掘，无疑为我们勾勒出原始人穴居的生活图景：

北京猿人大约生活在70—20万年前的龙骨山洞穴中，那时洞穴附近有大片的湖泊和沼泽，其间长满了各式各样的水草。水獭、河狸、水龟等在水中栖息，犀牛和大象常来此饮水。路上有成群飞奔的野马，山上密布浓厚的森林，长满野生的果树。这些为“北京人”提供大量的食物

① 《锡水洞遗址古地理环境、用火遗迹及时代问题》，《史前研究》，1984年第1期。

来源，他们打击硬度高而且有韧性的石头制作石器，用以捕获鸟类和兽类，这项工作多半是男人做的，妇女们则在比较安全的地方采集可食用的植物块茎，或用尖状石器切割兽肉，在洞口处的火堆上烧烤兽肉。等大家吃完后，便把兽骨当作燃料，扔进火堆，以保证这“生命”之火长燃不熄……

当18 000年前山顶洞人开始生活在龙骨山一带时，“北京人”早已不知去向了，或许他们中的一部分变成了山顶洞人，或许他们完全来自两个地方，反正山顶洞人对比他们的上一辈宿主，进步了不少，他们不仅能制出“北京人”使用的石器，而且还学会了在石器上打磨、钻孔。打磨激发了他们的审美意识，钻孔又使他们能用鹿筋、纤维之类的材料将漂亮的贝壳、小石块串起来，作为装饰。除了打猎采集，他们学会了捕鱼，扩大了生活来源，同时，鱼体内含丰富的蛋白质和营养，增进了他们的健康，使他们更加聪明。山顶洞人还会将石室进行空间划分，有上室、下室、下窨（即地下室），上室居住，下室为墓葬，下窨则为“仓库”。朦胧的灵魂意识让他们既崇敬又畏惧死去的同伴，他们将同伴的遗体小心地安葬，并摆上随葬的串饰，撒上红色的赤铁矿粉，那或许象征生命，或许象

征着勇猛的精神或许有其他原始宗教的意味。

在上古时代，除了穴居外，在水网密布的南方，原始人多半为巢居生活。所谓“构木为巢”，即用木头搭建巢穴，在树上生活的生存方式。人类的巢居的历史，文献是不乏记载的:《韩非子·五蠹》载：“上古之世，人民少而禽兽众，人民不胜禽兽虫蛇，有圣人作，构木为巢以避群害，而民悦之，使王天下，号之曰‘有巢氏’。”孟子云：“当尧之时，水逆行，泛滥于中国，蛇龙居之，民无所定，下者为巢，上者为营窟[①]。”《墨子·辞过》记载：“古之民未知为宫室时，就陵阜而居，穴而处，下润湿伤民，故圣王作为宫室。为宫室之法，曰：室高足以辟润湿，边足以圉风寒，上足以待雪霜雨露。”其中“高足”两字表明巢居是远离地面的。孟子所说的“下”指南方，“上”为北方。我国南北气候差别大，以至于地貌迥然不同，南方卑湿而多森林，北方干旱而少林地。穴居虽南北都有，但北方居多，南方古猿像鸟类一样，利用森林搭建既可避湿，又可防兽的巢穴，并不是不可能。况且猿本来就是生活在树上的。因此文献记载基本是可信的。另外，我们从河姆

① 杨伯峻:《孟子译注》上册，第 154 页，中华书局，1960 年。

渡文化的木构建筑规模也可以发现当时的木构技术已经相当成熟。河姆渡的房屋，是从地面打入一排排木桩作基础，然后在桩木架上架设木屋的干栏式房屋。考古发现河姆渡遗址有许多圆木柱、方柱、板桩、梁柱、木板等房屋构件，还有许多芦席残片，这些芦席与房屋建筑有关。木构件上还有榫卯，而且梁头榫上还有梢钉孔，木板上中还有企口板。木结构房屋的技术已相当进步。可以说南方巢居在有文献记载之前，早已存在了不知多少年，只是木构的巢穴不像天然洞穴，能保存至今，以至于我们无法找到原始人树上巢居的痕迹罢了。

我们知道，穴居走的是“天然洞穴—半地穴—地面建筑—高台建筑”和“穴居—横穴”这两条并列的发展道路，那么巢居究竟是怎样的发展脉络呢？由于缺乏发掘资料，这里暂时取杨鸿勋先生的观点，他将巢居文化的发展线索归纳为单株巢—多株巢—干栏式巢居—穿斗式地面房屋。

所谓单株巢，杨鸿勋认为，这是“巢居的原始形态，可推测为在单株大树上架巢——在分枝开阔的杈间设枝干茎叶，构成居住面，其上，用枝干相交构成避雨棚架，它确实像个大鸟巢的样子，即古文献称作‘橧巢’的原

单株巢

型①”。单株大树的枝丫、主杆成了原始巢居的立柱，是原始人出入的唯一通道。单株巢的缺点是空间狭小，不能无限扩大，使人感到心理上的逼仄。

多株巢是选择四棵相邻的大树，筑一个高于地面的居住面和棚架，较大地拓展了居住空间，营作也较为便利。

多株巢

替代多株巢的是干栏式建筑，用木料制成木桩竖于地面，承载整座房屋。居住面高于地面，同样有通风、祛湿的效果，加上两面坡顶，又有迅速溜水的功效。顶部由植物枝叶（藤蔓、茅草、树木）等筑成，墙体以树枝

① 转引自王振复:《中国建筑的文化历程》，上海人民出版社，2000 年。

干栏式建筑

编成网架，辅以茅草。正如《魏书》卷一百零一所载的“依树积木以居其上”。河姆渡文化就是干栏式建筑的典型。

在整个旧石器时代，人类主要以天然洞穴为家，另有少数南方的居民可能存在过巢居于树的现象。由于处在蒙昧时代的人们势单力薄，没有能力抵抗自然，他们自觉地利用自然，有效地保护了自身，故很少发现旧石器时代的聚落，只在云南保山塘子沟遗址、湖南临澧竹马遗址、湖北鸡公山遗址、黑龙江哈尔滨市阎家岗遗址有零星发现①。

云南保山塘子沟遗址，发现于云南横断山南蒲缥盆

① 储又信:《旧石器时代旷野居址初探》,《江汉考古》, 1998 年第 1 期。

地内的一个小山坡上，面积1 000平方米左右，文化堆积1米，有夯土面（居住面）、残深与直径均为10厘米的柱洞、火塘，柱洞洞壁光滑坚实，火塘边散落着烧土、碎骨屑，有学者将其归为旧石器时代。

湖南临澧竹马遗址，位于武陵山余脉向洞庭湖平原过渡带的一高于周围农田6米的岗地上，是一个南北长7.1米、东西长5米的高台建筑遗址，存在凹坑状居住面，约10平方米，还有长1.5米、宽0.65米的门道，以及灰沟、水池遗迹。遗址出土石器34件，时代为旧石器晚期。

湖北鸡公山遗址，位于江陵县城北约5千米的小山丘上，有两个文化层。下层为4—5万年前的原始聚落层，有5个原始居住面，居住面为红色土坪，周围为砾石、石料、石器环绕。还有一处长不足1米宽不到0.5米的红土硬面，周围有许多小刮削器，一个可蹲坐的砾石前留有古人双脚踏地时形成的清晰落脚处，旁边堆满石器原料，有成品和半成品。

黑龙江哈尔滨市阎家岗遗址在哈尔滨西南25千米的松花江、运粮河一处略隆的二级阶地上，出土许多石器，还有人骨和兽骨，其中野牛骨上有人工的打击痕。遗址最具特色的是两个由大量哺乳动物骨骼围成的半圆形遗迹，骨骼密集而有规律地排成半圆，酷似一堵矮墙，骨间用砂质黏土黏合。

以上四处遗迹，均位于河流阶地中，有开阔的视野，但规模甚小，是否真是旧石器时代人们生活的地方？云南保山塘子沟遗址、湖南临澧竹马遗址发现较多的灰烬、炭屑，可能居住时间稍长，而湖北鸡公山遗址、黑龙江哈尔滨市阎家岗遗址多半只是石器的加工场和猎人屠宰猎物的场所，并非长期居住的地方。总之，旧石器时代的聚落规模小，多半只是临时使用的场所（诸如为了宰杀猎物，或为了在迁徙途中恢复体力），那是一种农业尚未产生时的非定居性聚落，是新石器聚落的雏形，但它是史前物质文化的一大进步，表明人类已经在有意识地改造自然，向自然索取属于他们的生存空间了。

（二）新石器时代中期：聚落的发展

约公元前 1 万年甚至更早开始的新石器时代早期，目前发现的遗址很少，更未见到由多座房屋建筑等构成的全貌较清晰的聚落，例如徐水南庄头遗址①，那儿出土石磨

---

① 保定区文管所、北京大学考古系等：《河北徐水南庄头遗址发掘报告》，《考古》，1992 年第 11 期；李珺：《河北徐水南庄头遗址又有重要发现》，《中国文物报》，1998 年 2 月 11 日。

盘、磨棒、骨锥及原始陶器，还有猪骨和狗骨，它是华北地区最早的新石器文化遗址，碳十四矫正年代为公元前10000—前8700年，已出现辅助的农业生产，猪狗可能已成为家畜，但唯独没发现住房遗迹。在南方，有些人继续利用天然洞穴，过着稳定的生活，万年仙人洞、吊桶环便是新石器早期洞居遗址的代表①。

公元前7500—前5000年的新石器时代中期，农业在经济成分中逐渐占据支配地位，农业文化的确立促使一系列农业聚落诞生。以公元前6000年为界分为前后两段，前段以彭头山文化晚期澧县八十垱为代表②，后段以北方兴隆洼聚落最为典型③。

彭头山澧县八十垱遗址，是目前发现最早的一处有壕沟与在沟内侧堆筑土围的聚落，北边利用一段古河道作为

---

① 刘诗中：《江西万年仙人洞和吊桶环发掘获重要进展》，《中国文物报》，1996年1月28日；彭适凡：《江西史前考古的重大突破——谈江西万年仙人洞和吊桶环发掘的主要收获》，《农业考古》，1998年第1期。

② 湖南省文物考古研究所：《湖南梦溪八十垱新石器时代早期遗址发掘简报》，《文物》，1996年第12期；裴安平：《澧县八十垱遗址出土大量珍贵文物》，《中国文物报》，1998年2月8日。

③ 中国社会科学院考古研究所内蒙古考古工作队：《内蒙古敖汉旗兴隆洼遗址发掘简报》，《考古》，1985年第10期；《内蒙古敖汉旗兴隆洼遗址1992年发掘简报》，《考古》，1997年第1期。

护围，沟、河环绕范围呈不规则的正方形，总面积约 3 万平方米。已发现 10 多座房址，多数为长方形或方形的地面式建筑，有百余座小土坑墓葬散布居住区周围，尚未形成专门的墓地。

兴隆洼聚落共发现 160 座以上的房址，可分三期：早期聚落面积为 2.4 万平方米，集中于近圆形，周长约 5 万米的环壕内，有平行排列的 8 排房子，每排约 10 座，形成单朝向多排平行横列的布局，房子均为方形半地穴单室建筑，一般为 50—80 平方米，中部有两间各约 149 平方米的大房子，系公共活动场所。中期聚落在早期废弃的房址上挖穴另建，面积略小。晚期规模扩大，多数房子已扩至壕沟外，面积明显变小，为 15—30 平方米。

除了上文提到的彭头山遗址和兴隆洼遗址，其他地区也发现不少新石器中期的聚落遗址，例如黄河中下游裴李岗文化的舞阳贾湖遗址[①]面积为 5.5 万平方米，遗存可分为三期，早期的房址多与墓地杂处，没有单独的公共墓地，中、晚期房址与墓地分离，形成单独的氏族公共墓地，大墓地内还分为数个小墓群，当为家庭墓区。另外，

① 湖南省文物考古研究所:《舞阳贾湖》, 科学出版社，1999 年。

在外也有大壕沟发现，开挖于中、晚期。与同类遗址相比，贾湖遗址应为历经千年之久的大型聚落。

新石器时代中期，聚落规模仍比较小，5 万平方米以上已可以称得上是大型的聚落了。聚落中存在房址与墓葬杂乱分布的迹象，但到了中期偏后阶段，这一现象大大减少。房址与墓葬的分离是聚落格局上的一大进步。同时我们可以看到，当时社会处在血缘纽带浓重牢固的母系氏族社会。兴隆洼遗址排列有序的房屋便反映出强烈的群众性准则，规格一致的墓葬说明当时人人平等，和谐共处，没有社会的分化和阶级的对立。

（三）新石器时代晚期：聚落的成熟与分化

公元前 5000—前 3000 年的新石器时代晚期，以原始农业为主的综合经济繁荣高涨，农业聚落也走向兴盛，这时是母系氏族社会鼎盛时期，但不久，随着父权的兴起，聚落内部发生分化也就不可避免了。

母系氏族鼎盛时期典型的聚落，有黄河中游仰韶文化半坡类型的姜寨、半坡、北首岭、大地湾甲址及北方赵宝沟文化的赵宝沟遗址，红山文化前期的西台遗址。

临潼姜寨遗址，总面积约 5 万平方米，发掘面积 1.7

万平方米，其仰韶一期即半坡类型聚落是我国新石器时代已揭露聚落中布局最为完整和清晰的一处，由居住区、烧陶区和墓地三大部分组成。居住区椭圆形，包括一座 5 000 平方米左右的中心广场，占整个聚落的一半面积，有壕沟和一小段河流环绕作护卫屏障。所发现的 120 座房子为方形或圆形的单室结构，有地穴、半地穴和平地起造三种，同期并存的房子有六七十座，房址分五组，呈环状分布，每组由方形大房子、方形中型房子和圆或方形的小房子共 10 多座配置而成，门向均朝着中心广场，形成围绕中心的分组环列式布局。每组房子附近分布成群的窖穴，先后埋有 150 座儿童瓮棺葬。大房子附近设有牲畜围栏和夜宿场各两个，村西河旁有陶窑群，壕沟外，东、东南、东北专设三片公共墓地，有土坑墓，也有儿童的瓮棺墓。据分析，姜寨一期聚落是由若干家庭组成的 5 个氏族公社①。

西安半坡遗址约 5 万平方米，早期聚落保存较好，已发掘的部分居住区内有一条小沟将 40 座以上的方形或圆形房屋分为南北两区，各有大中小型房址和一处圈栏，房子门向基本朝南或西南，有 70 多座儿童瓮棺葬成群地分

① 西安半坡博物馆等:《姜寨——新石器时代遗址发掘报告》，文物出版社，1988 年。

姜寨聚落遗址模型

半坡遗址瓮棺群

布在住房周围。居住东北部发现一大段壕沟，沟外东边是有着6座陶窑的制陶区，北边是有着170余座成人墓的公共墓地。从把遗址一分为二的小沟判断，西安半坡早期聚落当由两个氏族公社所组成①。

宝鸡北首岭遗址面积为6万平方米，呈长椭圆形保存较好的聚落属半坡类型偏晚阶段，未发现环壕，整个聚落北部为居住区，中心有一个6 000平方米左右的大广场。广场的北、西、南分布3组方形或长方形地穴式房子，共40多座，门向皆朝中心广场。广场上有的地面被烧硬，散布一些柱洞，遗留大量烧过的兽骨，可能是举行祭祀活动留下的。另在居住区和墓区分散建有3座陶窑。遗址南半部集中有成人和儿童墓葬约400座。北首岭居住区与姜寨、半坡不同的是基本没有儿童瓮棺葬，从中心广场边存在的3组房子来看，北首岭遗址至少曾有过3个氏族②。

秦安大地湾遗址包括大地湾一期文化和仰韶早、中、晚遗存，以半坡类型晚期遗存为主，保存完好，东部和西部分别划为居住区和墓葬区，居址的东、西两边各发现一

---

① 中国社会科学院考古研究所:《西安半坡——原始氏族公社聚落遗址》，文物出版社，1963年。

② 中国社会科学院考古研究所:《宝鸡北首岭》，文物出版社，1983年。

段壕沟。房子共有 100 多座，多属方形或长方形半地穴建筑，背对壕沟，面向中心广场①。

北方赵宝沟文化的赵宝沟遗址位于一处坡地上，其晚期聚落保存完好，地表显露 82 处房址灰土圈，沿坡地东北——西南方向等高线大致分为 7 排，每排有一组或数组房址群组成，房址面积多为几十平方米，中部有一座近 100 平方米的大房子，当为公共活动场所②。

红山文化前期的敖汉西台遗址，整体布局呈“凸”字形，有两条壕沟将东南和西北两个居住区连在一起，后者的东南界即是前者西北界壕沟的一段，属于双体聚落的形制结构。房址为长方形半地穴式③。

在第一小节中已提到南方卑湿且多林地，为了避开地面的湿气和虫兽，巢居可能是南方最理想的居住方式。河姆渡干栏式建筑的发现便是南方巢居的最有力证据。河姆渡遗址位于沿海丘陵山地与平原湖沼交界地带，面积有 4

---

① 甘肃省博物馆文物工作队:《甘肃秦安大地湾遗址1978年至1982年发掘的主要收获》,《文物》, 1983 年第 11 期; 严文明:《仰韶房屋和聚落形态研究》, 见《仰韶文化研究》, 第 235 页, 文物出版社, 1989 年。

② 中国社会科学院考古研究所:《敖汉赵宝沟》, 中国大百科全书出版社, 1997 年。

③ 杨虎:《敖汉旗西台新石器时代遗址及青铜时代遗址》,《中国考古学年鉴（1988）》, 文物出版社, 1989 年。

万平方米，木构干栏式建筑残骸大量存在于第一层文化遗存中，由于地下水位高，隔绝了空气，木头构件保存完好。通过研究，这些房子大致的建造构成是这样的：先立木桩，高 1 米左右，作为支柱，然后在上面架设大、小梁（龙骨）承托地板，完成房子的基座后再在上部立柱架梁，围墙盖顶，铺以稻草、芦苇或泥土，一座抬升于地面上的干栏式房屋便大功告成了。目前我们在那儿发现的较为清楚的一座是由 4 排木桩构成，总长在 25 米以上的干栏式长屋，其进深约 7 米，还有宽 1.3 米的门廊过道，大屋隔成许多小间使用。另外，地面上还有小木桩围成的圆形栅栏圈，面积较小，可能是饲养家禽幼畜的围栏①。

到了新石器晚期后段，也就是母系氏族社会衰弱时期，聚落规模大小及其包含的文化现象均发生了变化，明显出现分化，而且日益加剧。有些地位突出、影响面广的聚落成了中心聚落，而有些小规模的聚落则成了普通聚落，等级较低。同时，房屋结构、布局也变得复杂多样。这一阶段的代表聚落有仰韶文化晚期的大河村、下王岗、

① 浙江省文管会、浙江省博物馆:《河姆渡遗址第一期发掘报告》,《考古学报》, 1978 年第 1 期; 刘军、姚仲源:《中国河姆渡文化》, 浙江人民出版社, 1993 年。

八里岗、大地湾遗址、大汶口文化晚期尉迟寺、屈家岭文化黄楝树等遗址，并出现少量城址。

淅川下王岗遗址，它以一座地面式特长屋贯穿聚落中部，主体建筑长约 79 米，门向南，由 17 套单元房紧密相连，每套均有长方形外间、内间，构成整齐划一的连间单元房式居住空间。每个单元房显示出浓厚的个体小家庭的生活气息，当属父系大家族的集体共居方式①。

大地湾遗址发现罕见的特大型房屋，如 F901 雄踞遗址北部的高处，由主室、后室、东西两侧室组成，占地达 290 多平方米。光主室就有 126 平方米，屋中垒有一直径 2.5 米的巨型火台，前墙开正门和左右旁门，东西墙各开侧门通向侧室。屋前 100 多平方米的平坦地面横列两排柱洞和一排明础石，可能原来有大棚类附属的建筑。这座大房子内出土大陶鼎、大石匕、长条形陶盘，实属罕见。这样宏伟的建筑，已不是母系社会公共活动、议事的场所，它强烈地显示出中心聚落的性质，可能是部落首领或更高一层的社会组织进行庄严活动的场所，有殿堂的色彩②。

---

① 河南省文物研究所:《淅川下王岗》,文物出版社,1989 年。

② 甘肃省博物馆文物工作队:《甘肃秦安大地湾遗址第九区发掘简报》,《文物》,1983 年第 11 期;《甘肃秦安大地湾 901 号房址发掘简报》,《文物》,1986 年第 2 期。

孟津妯娌山区遗址（属于仰韶晚期至龙山早期）发现的50多座土坑墓，虽为一个民族公社的墓地，但墓葬已有了贫富差别[①]。

郑州西山城址及目前最早的大溪文化澧县城头山城址是中心聚落进一步发展的产物，城与乡的分野，于焉开始。关于城址，下文将有详述。

新石器时代晚期聚落可分为两段。姜寨、半坡便属于晚期前段的聚落，它们有以下几个基本特点：（1）都处于母系氏族社会鼎盛时期。（2）聚落无等级之分。（3）规划统一，布局严密，房屋或向中心布列，或单朝向布列，聚落中多有大房子，可用来集会，或让未婚男女或老人、孩子住。（4）人人地位平等，无社会分化。（5）都体现出强大的集体凝聚力和向心力。大河村遗址、八里岗遗址、下王岗遗址等则属于晚期后段的聚落，他们的基本共同点是：（1）都处在母系氏族社会向父系氏族社会过渡的阶段。（2）聚落等级差别出现，有中心聚落与普通聚落的对立。（3）布局分布零乱，在环壕内整齐划一地安排居所的现象少了，氏族内部出现家庭房群的离散化。（4）墓葬中已出

① 叶万松、李友谋：《小浪底水库区妯娌、寨根新石器时代遗址的发现与意义》，《中国文物报》，1997年1月5日。

现贫富差别，可见生活中人与人之间的不平等已初露端倪。（5）原始共产主义的氏族制度受私有经济力量的冲击，大为削弱，氏族内的凝聚力转化为父系小家庭的凝聚力。

远古聚落格局在不断演变的同时，人类建造房屋的技术也在不断地成熟。现简要叙之。

在黄河流域，房屋的形制基本秉承着半地穴—浅地穴—地面—高台建筑的发展规律①，人们离开天然洞穴后，一部分人利用黄土细密、不易塌陷的特点，挖出横穴作为人工洞穴，这便是至今仍在使用的窑洞。更多的人在平地上挖一竖穴，盖以植物枝叶。竖穴比横穴亮堂，易于通风，故很快推广。但地穴总是阴暗潮湿的，于是人们渐渐学会铺垫、烧烤、夯打、涂抹草泥、施白灰面等方法，破坏黄土的毛细渗水系统，达到防潮、美观的目的。大地湾遗址甚至出现类似水泥的建筑材料，无疑更能改善卫生条件，达到防潮目的②。从穴居房屋到地面房屋，需要墙体来替代原来的坑壁，对屋顶的牢固性也提出了更高的要求，

---

① 周星：《黄河流域史前住宅及其发展》，《中国原始文化论集——纪念尹达八十诞辰》，文物出版社。

② 李最雄：《我国古代建筑史上的奇迹——关于秦安大地湾仰韶文化房屋地面建筑材料及其工艺研究》，《考古》，1985 年第 8 期。

而木骨泥墙、支柱、柱础之类的构件使人类的房屋得以升至地面，摆脱潮湿的烦恼。不久，发明夯筑技术并运用于台基、墙体等工程上，横檩、斜椽构材日益增多，这些都使建筑物更为牢固。中国古典土木建筑最具特点的框架结构至此已具雏形了。

南方的河姆渡人建造房屋又是另一番景象了，他们用石锛、石斧等工具开采木材，劈成木板，采用先进的榫卯技术，将木板精确地拼合在一起，就这样，一幢幢漂亮的"空中楼阁"诞生了。当然，这里要提一句，南方并不是都是干栏式建筑，良渚文化龙南遗址就发现竖穴的居址[①]，看来北方竖穴、南方高床的传统观点要改变了。

（四）铜石并用时代：城的出现

公元前3000—前2000年，是新石器时代末期，又称铜石并用时代。这一时期，中心地位的大型聚落与周围的中小型聚落形成等级和主从关系的聚落群体架构。中心聚落往往建成较大型的城址，与普通聚落的差异更为显著。目前在我国广大地区已发现许多史前城址，比较著名的如河南龙山文

① 高蒙河：《良渚文化住居的形态结构》，《南方文物》，1997年第4期。

化的淮阳平粮台城址、山东龙山文化章丘城子崖城址、天门石家河文化城址、良渚大型聚落群等等，下面分别叙之。

淮阳平粮台城址，面积 5 万平方米，城垣边长 185 米，为正方形，外侧有较宽的护城河，南门道内两侧建有对称的土坯门卫房，南门路下还埋有陶排水管道。城内有长方形连间排房，普遍使用土坯材料，部分房址建造在较高的夯土台基上。该城址虽不大，但建筑规整，功能完善，门卫间、陶水管都表明该城建设得相当考究①。

平粮台城址出土的陶水管

章丘城子崖城址，略近“凸”字形，面积约 20 万平方米，其北、东、南三面纵横各约 24 千米的范围内，分布龙山文化城址共 40 余处，此中心城址外围大体还存在两个等级的普通聚落②。

---

① 河南省文物研究所等:《河南淮阳平粮台龙山文化城址试掘报告》,《文物》, 1983 年第 3 期。

② 山东省文物考古研究所:《城子崖遗址又有重大发现，龙山岳石周代城址重见天日》,《中国文物报》, 1990 年 7 月 26 日；张学海:《城子崖与中国文明》,《纪念城子崖遗址发掘 60 周年国际学术讨论会文集》, 齐鲁书社，1993 年。

城子崖西城墙遗址

天门石家河文化城址，为平行四边形，面积约120万平方米，外侧环绕周长约4 800米的壕沟，是我国最大的史前城址。城内外8平方千米范围内，分布屈家岭、石家河文化遗址约30处；城内中部的谭家岭为主要生活区，有大批平地起建的单间、分间式房屋；城外东南角罗家柏岭附近发现石家河文化一组大型庭院式非居住遗迹，地层中有许多石器半成品、石料、精美玉器，还有铜矿石、铜渣和铜片，可能是手工业生产基地。这座城址有石家河文化统治中心的地位和作用①。

---

① 北京大学考古系等:《石家河遗址群调查报告》,《南方民族考古》第5辑，1992年；石河考古队:《湖北省石河遗址群1987年发掘报告》,《文物》, 1990年第8期;《湖北天门市邓家湾遗址1992年发掘报告》,《文物》, 1994年第4期；湖北省文物考古研究所:《湖北石家河罗家柏岭新石器时代遗址》,《考古学报》, 1994年第2期；荆州博物馆等:《肖家屋脊》, 文物出版社，1999年。

良渚文化聚落群虽然未见城墙遗迹，但从它庞大的规模来看，城肯定是有的，其中的大观山果园（又名莫角山）大型高土台遗址就被认为是最高统治集团的统治中心，因为在那儿发现成排的大柱洞、大方木、土坯等遗迹，建筑规模之大非显贵集团的统治中枢莫属。另外，反山、瑶山、汇观山、福泉山等几处遗址，均为人工夯筑的大型土台，既是祭坛又是贵族的墓地。如反山墓地出土成批精美玉器，以琮、璧、钺等“礼兵”为主，墓主人高贵的地位是不言而喻的。近年来在卢村以西发现良渚时代长达 4 500 米的垄状土垣，是否为城墙，尚待进一步证实①。

良渚文化聚落遗址

① 魏正瑾、吴玉贤：《良渚文化与聚落考古》，《南方文物》，1997年第1期。

过去，对于城的产生，有黄帝说、夏鲧说、夏禹说[①]，依据的是《史记》《黄帝内经》等文献的记载。但现在看来，目前最早的城址——澧县城头山城址早在黄帝传说（一般公认为距今 5 000 年）前 1 000 余年已出现，可见城的产生决不能归于某个英雄人物的意志，而是历史发展的结果。城在新石器时代末期出现，大致有以下几个原因：（1）人口增加，社会集团规模扩大，这需要出色的首领，一定的权力来有效地领导管理成员，迎接挑战，不然就可能被其他部落所吞噬，于是原来的大房子成了首领们行使权力、发号施令的地点，其公共福利、民主议事的功能逐渐退化。（2）社会分化加剧，部落间常因掠夺生活资源而发生战争，农业定居又加强了人们的地域观念，对土地的依赖反而提升了战争的残酷性和频繁性，冲突已到了不得不防范的程度。同时，随着人类的进步，单纯的壕沟已不能防止远程武器的攻击，必须筑起高墙才能有效地防止异族的侵略。（3）建筑技术趋于成熟。夯筑技术使建造较高的墙体成为可能；挖槽筑基技术则能增强墙体的耐久性，再配合原来的壕沟作护城河，其防御力远胜于原来的环壕

① 张国硕、阴春枝：《我国新石器时代城址综合研究》，《郑州大学学报（哲社版）》，1997 年 3 月。

聚落。正是在这样的社会背景下，城址大量地出现了。当然，石器时代的城，主要具有军事防御功能，多位于地势较高、视野开阔、交通便利的地方，地名上多带有“岗、台、冢、岭、山、崖、墩”等字，易守难攻。城也是部落首领统治聚落群的地方，那些由原来公共的大房子演变而来的高台建筑，就是他们实行管理、统治的场所，是后代宫殿的雏形。城在经济方面的职能是不强的，毕竟当时商品经济不发达，仍处于自给自足的经济形态，城内无“市”，也就称不上“城市”了。总的说来，新石器时代的城，不同于唐代的长安、北宋的汴梁，它是封闭、内向，而不是开放、外向的。

总之，新石器时代末期，作为社会分化日益尖锐的结果，大型高层次的城址聚落出现，并与普通聚落并存对立，往往一个城址聚落与若干普通聚落形成了地区性的政治统治中心，氏族纽带进一步松弛，个体家庭纷纷游离、独立，部落首领们则在他们的夯土台上建造高规格的雄伟建筑，管理着他们的领地。这就是所谓的“邦国”——阶级社会的前夜。

（王胤卿）

五　史前社会组织

所谓“史前时期”，通常是指文字或文明出现以前的人类历史时期。这是一个相当漫长的历史发展时期，它的起点，可以上溯到“人猿相揖别”之初，直到人类进入“文明”社会止，跨越时段可达数百万年，人类历史99%以上的时间，都生活在这一时期。按照现代考古学的划分方法，史前时期的人类历史，大体经历了从旧石器时代到新石器时代，再到铜石并用时代的发展过程；而史前的人类社会组织形式，也随之经历了一个从小到大、从简单到复杂的演化过程。

“史前时期”人类社会组织的基本面貌如何？一直是一个颇为引人注目的话题。但由于远古历史的微茫难求，历史真相已难以恢复。我们只从后世的传说和追溯中，找到一些涉及远古人类社会构成和社会组织情况的零星传说。例如《吕氏春秋·恃君》有：

昔太古尝无君矣，其民聚生群处，知母不知父，无亲戚兄弟夫妻男女之别，无上下长幼之道，无进退揖让之礼，无衣服履带宫室蓄积之便，无器械舟车城郭险阻之备。

《庄子·盗跖》记载：

神农之世，……民知其母，不知其父，与麋鹿共处，耕而食，织而衣，无有相害之心，此至德之隆也。

此外,《列子·汤问》提及远古时期，还有“长幼侪居，不君不臣，男女杂游，不媒不聘”的说法。这些传说，反映了古人对远古洪荒时期人类生活情况的一种朦胧记忆，其间透露出人类史前社会组织情况的某些蛛丝马迹。但由于这些传说资料多是零星的、杂乱的，要真正搞清楚人类史前组织的基本结构与特点，还需要借助当代文化人类学的某些概念和理论。

（一）关于史前社会组织的理论探讨

在人类历史上，从古到今，曾经出现过各式各样的人群集团，这些人群集团，或是依照年龄，或是依照财产，或是依照性别、民族、等级等各类构成原则，形成了形形色色的社会组织。这些社会组织的存在，构成了人类社会生活的基本面貌，也是人类社会性的重要体现。

根据文化人类学的定义，所谓社会组织，“是指一群人根据一个固定的——而非任意的——原则结合成的一个集团”；这个集团中，所有人都有特定的地位和义务，由此构成了相互义务网络①。史前时期的人类社会组织，也同样适用于这个定义。

长期以来，国内学术界对于“史前社会组织”的理论探讨，主要以美国人类学家摩尔根所著《古代社会》和恩格斯《家庭、私有制和国家的起源》的有关论述为基本依据的。

按照摩尔根的看法，人类文化的进化，可分为蒙昧、野蛮和文明三个阶段。蒙昧和野蛮时代属于“古代社会”范畴，其中的人类社会组织，多以血缘关系为基础，以氏族为基本单位，经历了氏族、胞族、部落和部落联盟等顺序相承的发展阶段；进入文明时代的“政治社会”以后，

① 童恩正:《童恩正文集·学术系列·人类与文化》，第178页，重庆出版社，1998年。

以地域和财产为基础的“国家”组织，才最后得以出现。摩尔根认为，“氏族”是原始社会的基本组织单位，而“氏族”的形成，则与早期人类婚姻形态变化有关。最早的人类社会，属于“乱婚”（杂乱性交）性质的“原始群”，由此首先发展出“以群体内嫡亲的旁系兄弟姐妹通婚”为基础的“血缘家庭”组织，再进一步发展为“禁止嫡亲兄弟姐妹通婚”的“普那路亚”式“血缘家庭”，最终发展出了实行“外婚制”的“氏族”组织①。

氏族社会的演化，又可细分为母系氏族和父系氏族两个阶段，前者的家庭形态为妇女掌权的“对偶家庭”，而后者的家庭形态则属男子掌权的“父权制家庭”；“氏族”组织后来发展为“部落联盟”，而“一夫一妻制家庭”也在“部落联盟”时最终出现②。这样，摩尔根就为史前社会组织的发展，确定了一条基本进化序列，即：

原始群（杂交血缘家庭）—母系氏族（普那路亚家庭和对偶家庭）—父系氏族社会（父权家庭）—部落联盟（家庭向一夫一妻制家庭过渡）。

摩尔根的《古代社会》，从原始社会的研究出发，对人

---

① 摩尔根：《古代社会》，第 39 页，商务印书馆，1995 年。

② 摩尔根：《古代社会》，第 381—396 页，商务印书馆，1995 年。

类社会的演化规律做出了初步的正确总结，也得到了马克思和恩格斯的高度评价。恩格斯指出，“摩尔根在美国，以他自己的方式，重新发现了40年前马克思所发现的唯物主义史观，并且以此为指导，在把野蛮时代和文明时代加以对比的时候，在主要点上得出了与马克思相同的结果”。因此，《古代社会》是“一本像达尔文学说对于生物学那样具有决定意义的书”①。马克思晚年曾仔细阅读了《古代社会》并作了摘录和批注，恩格斯则根据马克思的《摘要》和自己对原始社会史的研究，写出了著名的《家庭、私有制和国家的起源》，书中对摩尔根的主要论点，做了转述和引用，从而使摩尔根的《古代社会》一书的基本观点，进一步深入人心。正由于恩格斯此书的广泛影响，中国古史学界在原始社会理论领域的主流观点，一直是沿用了摩尔根提出的社会进化序列和基本观点，在研究思路、研究模式和研究方法上，多以摩尔根学说为基本依据，从而形成了“史前社会组织理论”的基本解释框架。

摩尔根的《古代社会》，可谓是“史前社会组织”研究的开山之作。在此之后的100多年里，西方文化人类学

① 马克思、恩格斯:《马克思恩格斯选集》，第四卷，第1、442页，人民出版社，1972年。

界对史前社会组织问题的研究，又有了更为深入的探讨和争论，对摩尔根的某些具体结论，也进行了修正和补充。按照西方当代文化人类学的主流观点，人类的社会组织可以分为亲属组织和非亲属组织两大类。亲属关系被认为是“隐藏在各种社会组织之下的最单一而基层的因素”①，史前时期更是如此。以亲属制度为组织原则而组成的由共同祖先遗传下来的血亲组织，称为“继嗣群”；继嗣群可细分单系（母系或父系）和复系两类，其中单系继嗣群不仅可以区分亲属关系，还可以提供将人们组织成亲属集团的原则，将人群划分为世系、氏族、胞族和半族等几个不同层次。在某些史前社会中，单系继嗣原则，甚至可以是整个社会的唯一组织原则。

非亲属性的社会组织，主要包括社会团体和政治组织两类。前者是指人们依据年龄、性别等自然属性或共同兴趣、目的等因素而结成的团体组织，如史前社会中的“年龄群”、未婚男子或女子“公社”、军事性团体和秘密结社等，都属于这一范畴；后者则是指以处理经济为核心的、担负着调整生产、维持社会秩序、处理纠纷和对外事务等

① 童恩正:《童恩正文集·学术系列·人类与文化》，第178页，重庆出版社，1998年。

重要作用的集团事务性组织。

美国人类学家E.R.塞维斯从社会权力结构进化的角度，将人类社会的政治组织划分为游群、部落、酋邦、国家等四种类型。其中，“游群”组织和“部落”组织属于史前社会，“国家”组织属于文明社会，而“酋邦”组织，则是介于史前社会与文明社会之间的带有强烈过渡色彩的基本政治组织类型。塞维斯的上述划分方法，后来为大多数文化人类学者所接受，成为当代比较有影响的新的政治组织划分方法。

按照文化人类学界的通行看法，游群组织是史前最原始的社会组织类型之一，主要流行于农业起源（距今

贺兰山壁画中的史前社会

约 10 000 多年以前）之前的狩猎—采集或其他游牧社会当中。游群的规模一般较小，并经常流动迁徙。游群是一种平等社会，同一年龄级序的人享有同等的权利和义务，私有财产的观念尚不存在。游群内部没有常设管理机构，只有一种非正式的、温和的权威存在，涉及集体事务的安排，多由大家民主协商决定，头人的威望不是来自权力和职位，而是依靠其本身的品质、技术以及能力表现。

同游群社会类似，部落社会内部人际关系也相对平等，没有阶级分化和正式的领导模式，社会权力仍处于相对分散状态。但部落社会的经济形态，多以从事定居农业或畜牧经济为主，人口密度较游群为高，团体规模也较游群为大。部落社会的组织框架，通常由世系继嗣构成，并以氏族为单位，将若干小的地方分支联合起来，组成了部落整体。此外，部落内还有分支世系、年龄群等“泛亲族”组织。

同部落社会类似，酋邦社会的经济基础，也以定居农业或畜牧业为主，但生产的专门化程度则较部落要高，产品交换也有了很大发展，人口相对密集，已经出现了固定的村社组织。酋邦内部社会成员间已经开始出现等级分化和贫富差别现象，但血缘关系纽带仍旧存在，阶级对立尚不明显。同部落社会相比，酋邦社会已经出现了较为固定的进行“集中的管理”的神权权威政治，也出现了具有贵族特质的世袭等级制度。但与国家社会相比，酋邦仍缺少正式的合法的强制性暴力。因此，从社会组织进化角度看，酋邦既不同于史前的部落组织，也不同于文明产生后的国家组织，而是介于两者之间的过渡性社会组织形态，是史前社会向文明社会过渡的中间形态。

从游群、部落、酋邦到国家的进化，是人类政治组织进化的重要线索之一。这种演化，不仅涉及政治组织形态的从低到高、从简单到复杂、从分散到集中的进化轨迹，更涉及与之密切相关的生产形态、人口密度、社会分层和等级、产品分配等社会文化生态因素的变化。这些变化因素，可以从不同时期的人类聚落遗存中得到某种程度的实物验证，进而可以帮助我们恢复对古代社会组织及意识形态等非物质层面结构的具体认识，受到了现代考古学者的高度重视。美国学者麦克纳曾从聚落考古学的角度，对聚落形态和文化伴存形式（包括经济、政治、宗教和社会结构等因素）的具体关系，进行过较为系统的对比，其基本结论与文化人类学关于人类政治组织演进的分

析大致接近①。这就为我们从考古遗存的角度探讨史前社会组织演进的情况，提供了更为实用和有力的理论分析工具。

（二）中国境内史前人类社会组织的考古学考察

1. 旧石器时代社会组织状况

现代考古学认为，旧石器时代的人类进化，大致经历了“直立人”“早期智人”和“晚期智人”（现代人）等阶段，这正好与考古学“旧石器时代”的早、中、晚三个时期相对应。在我国境内发现的旧石器时代的古人类化石和活动遗迹，已经有数十处之多，从距今180万年前的云南元谋人、距今70—20万年的北京人，到距今10万年前的山西丁村人、距今2.5万年前后的北京山顶洞人，足迹遍及南北各地②。在如此漫长的洪荒岁月里，这些处于幼年时期的古人类，主要依赖群体的力量，使用打制石器和木、骨器等简单工具，从事渔猎和采集生活，在与自然的斗争中，顽强生存和进化。

---

① 张光直:《考古学专题六讲》，第85页，文物出版社，1986年。

② 按照国内史前考古学界的一般理解，元谋人和北京人，属于直立人阶段，丁村人属于早期智人阶段，山顶洞人则属于晚期智人。它们分别生活在旧石器时代的早、中、晚三个时期。

人类进化——“直立人”——“早期智人”——“晚期智人”

学术界通常将这些刚刚脱离动物界的早期人类社会群体，称为“原始群”组织。一般来说，这些“原始群”组织，大致是由几十人组成的松散人群集体。由于当时的经济模式是狩猎采集，人们往往必须四处流动，随动物群和收获期迁徙，寻找和更新食物资源，因此这种组织的规模不可能很大，必须受到环境丰饶与否，以及自身技术水平的限制，而且往往还与季节相关。根据民族学、人类学的调查，至今仍有一些狩猎采集民族中存在与远古时代相类似的“群”(即上面提到的“群队”或“游团”)，大小从二三十人到一二百人不等，一般是50人上下。其特点是规模小、流动性大，因此他们的个人财产也极为简单，营地极为简陋，不存在贫富差别和任何形式的土地所有制①。

① 童恩正:《文化人类学》，第83—88页，上海人民出版社，1989年。

据此推断，远古时代的“原始群”应该也具有相似的特征。

依照我国原始社会研究的传统看法，早期的“原始群”的两性关系，还处在不固定的“杂乱”状态，不仅同辈间发生性关系，而且也没有上下辈之间婚配的禁例。有学者还引用摩尔根的具体结论，并结合古代文献中提到的“男女杂游，不媒不聘”(《列子·汤问》)、“无亲戚兄弟夫妻男女之别，无上下长幼之道”(《吕氏春秋·恃君》）的记载，认为“当时人类的血统意识尚不明确，血缘界限尚不清楚，后世的那种伦理观念尚未形成，维系群体的……非血缘纽带，所以，这种人群还不是排他的、相对稳定的血缘群体”[①]。后来，随着社会发展和思维进步，早期的最原始的“原始群”组织，逐渐演变成较为固定的“血缘家庭”或“血缘公社”组织。旧石器时代中期以后，逐渐形成了一个群体的男子与另外一个群体的女子互相通婚的“族外婚”制，并在此基础上形成了氏族组织。有人推测，以北京人为代表的中国直立人，大致就处于“血缘公社”阶段；而周口店龙骨山山顶洞人的社会组织形式，则已进

① 陶毅、明欣:《中国婚姻家庭制度史》, 第17页，东方出版社，1994年。

入“氏族”社会阶段[①]。

长期以来，上述结论几乎成为中国原始社会界的“定论”。但迄今为止，人们并没有找到任何生物学或考古学上的“男女杂游”证据，而世界各地现存的狩猎采集原始民族中，也没有一例可以证明无限制的杂乱的存在。因此，远古时期虽然“现在或较早时期通行的禁例在那时是没有效力的”[②]，但所谓的没有任何“禁例”的“杂乱”，至今仍没有证据可以证实[③]。另一方面，我们并没有获得真正可以支持北京人“血缘公社”说和山顶洞人“氏族”说的直接考古学证据；而对古代文献资料的分析和解释，也不具备一致的“排他性”，以北京人和山顶洞人为代表的旧石器时代人类社会组织情况如何，目前仍不能轻易做出结论。

2. 新石器时代社会组织状况

大量的考古学证据表明，距今 1 万年前后，随着地球

---

① 参见宋兆麟、黎家芳、杜耀西:《中国原始社会史》, 第57—67、101—128页, 文物出版社, 1983 年; 林耀华主编:《原始社会史》, 第 71—100、101—193页, 中华书局, 1984 年。

② 恩格斯:《家庭 · 私有制和国家的起源》,《马克思恩格斯选集》第四卷, 第30—31 页, 人民出版社, 1972 年。

③ 童恩正:《摩尔根的模式与中国的原始社会史研究》,《童恩正文集 · 学术系列 · 人类与文化》, 第 360 页。

第四纪冰期的结束和全球气候的变化，人类逐渐由旧石器阶段步入了新石器时期，其具体生活方式，也逐渐由居无定所的游猎采集阶段过渡到了定居生活的原始农业阶段，古代人群的社会组织复杂化程度也日益加深，新的社会组织形式也开始产生。就中国境内而言，全国各地发现的新石器时代文化遗址，已达 7 000—8 000 处之多，其中正式发掘的也在几百处以上[①]。这些遗址分属若干个考古学区系，各区系文化都有自己的基本演化线索，这就使中国境内的新石器时代考古学文化，呈现多元并进的演化格局。各考古学区系文化的发掘成果，为我们了解和探索中国境内的史前人类的社会组织情况，提供了重要和宝贵的资料。

位于内蒙古赤峰市敖汉旗宝国吐乡兴隆洼村东南的兴隆洼遗址，“是目前发现的年代最早、保存完整并做了全面揭露的史前聚落”[②]。遗址的年代经放射性碳素断代并经

① 宿白:《中华人民共和国重大考古发现 · 序》，宿白主编:《中华人民共和国重大考古发现》，第 12 页，文物出版社，1999 年。

② 杨虎:《兴隆洼遗址》，宿白主编:《中华人民共和国重大考古发现》，第 63 页，文物出版社，1999 年；严文明:《近年聚落考古的进展》，《农业发生与文明起源》，第 257 页（原载于《考古与文物》，1997 年第 12 期），科学出版社，2000 年。

校正，为公元前6200—公元前5400年。以该遗址命名的兴隆洼文化，分布在今内蒙古东南部、辽宁西部和河北东北部，包括北京市在内。它与裴李岗、老官台、磁山、大地湾等前仰韶文化（新石器时代中期文化）的年代大致相当，处于相同的历史发展阶段①。

兴隆洼遗址内房址大体呈东南—西北方向整齐排列，约有8排②，每排约10座房址，整个居住区被一个东北—西南长183米、东南—西北宽166米、近似圆形的围壕所围绕，整体布局上呈现“围壕环绕成排房址”的特征。而从一些房屋在坍毁后仍于原地重建的现象推测，当初每一座房址在排列中的位置都经过了精心的规划，并受到某种制度的制约，不得随意改变。这也许能够说明“每一排房址主人内部的某种关系当比这些人与另一排房址主人间的某种关系更为密切③”。

每座房址的面积大约为50—80平方米，最大的两间

---

① 内蒙古文物考古研究所:《内蒙古文物考古工作的新进展》,《文物考古工作十年（1979—1989）》, 第48页, 文物出版社, 1991年。

② 一般性的遗址介绍, 都说房址有12排。严文明在《近年聚落考古的进展》中指出: “过去估计有十一二排100余座, 是把晚期的也包括进去了。” 故从严说。参见严文明《农业产生与文明起源》, 第257页。

③ 苏秉琦主编, 苏秉琦、张忠培、严文明撰稿:《中国通史第二卷・远古时代》, 第358页。

兴隆洼文化聚落遗址复原模型

并排位于聚落中心部位，面积各达 140 余平方米，它们占据了两排的位置，室外的空地也比较大①。这些半地穴式房址平面呈圆角方形或略作长方形，由于地形为东北高、西南低的斜坡，因此西南方开口也较低，不设门道。居住面系将地穴的生土底砸实筑成。室内中央设灶，为一圆形土坑，有的灶底铺一石块。有的房址内发现柱穴，有的在室内有窖穴。根据对遗址内房址的测量，当时人们在屋内经

① 杨虎:《兴隆洼遗址》，宿白主编:《中华人民共和国重大考古发现》，第63页，文物出版社，1999 年。

常活动的面积为 13 平方米左右 ①，居住其中的成员应不超过 4—5 人，相当于一个家庭的居所。

由此，考古学家们认为，兴隆洼聚落遗址表明当时的居民存在着三至四个层次的社会组织：同居一室包容 3—4 人左右而可称作家庭的单位；由一排 10 间左右房址所反映的高于单间房址的中间一级单位；由 8 排房址所组成的整个村落。而其中最大的两座面积分别达到 140 平方米的房址，应是整个村落组织的中心建筑。对于这一现象，研究者提出，“如果借用民族学的概念，或可将家庭以上的两级组织分别称为家庭和氏族” ②。

除了兴隆洼遗址，该文化经过大面积发掘而又保存较完整的聚落遗址还有林西县白音长汗、辽宁阜新查海和沈阳新乐等处。从考古发掘的资料可知，兴隆洼文化流行有“中心建筑的凝聚式的环壕聚落”，兴隆洼遗址所反映出来的社会组织情况在该文化中有相当的普遍性。而白音长汗遗址是两座环壕聚落并列在一起，这种成对并列的聚落形态可能意味

① 中国社会科学院考古研究所内蒙古工作队：《内蒙古敖汉兴隆洼遗址发掘简报》图四，《考古》，1985 年第 10 期。

② 苏秉琦主编，苏秉琦、张忠培、严文明撰稿：《中国通史第二卷 · 远古时代》，第 358 页。

着，这两个村落的人们当组成高于单个村落的更高的组织。

仰韶文化是黄河中游地区的新石器时代文化，主要分布于中原地区，北到长城沿线及河套地区，南达鄂西北，东至甘、青接壤地带。据 C^{14} 测定并经校正，其年代约为公元前 5000—公元前 3000 年。由于分布广泛、延续时间长、内涵丰富、影响深远，仰韶文化成为我国诸新石器文化中的一支主干①。仰韶文化社会组织的情况，可以姜寨遗址为例加以说明。

1972—1979 年发掘的姜寨遗址，是迄今所知最为典型的仰韶文化半坡类型村落遗址。该聚落遗址的布局与兴隆洼遗址所揭露聚落形态不同：首先是该遗址的布局已有功能的区别。它的总体布局分为居住区、窑场和墓地三个部分。居住区位于中央，西南临河作为天然屏障，其余三面环绕着人工壕沟。三片墓地分布在东南壕沟之外，窑场则位于西面靠近临河的岸边。其次，姜寨遗址的房屋并不成排排列，在居住区正中有一片约 4 000 平方米的中央广场，广场的西边，有两块可能是牲畜夜宿的地方。广场四周有 100 多座房屋，分成 5 群分布，每组建筑群均以 1 座大型房屋为主体，另有中型房屋 1 至 2 座，小型房屋十几座或

① 《中国大百科全书·考古学》，第 595 页。

姜寨村落遗址复原模型

二十几座；其中的中型房屋和若干小房屋似乎又组成一定的单元。这些房屋皆环成圈形，背对围沟，大门朝向中央广场。如此整齐的村落布局，显然曾经经过较为严密的统一规划。而从居住区被分割成若干房屋群、组的现象看，可以推测当时生活于居住区内的居民彼此存在一定的亲疏关系，可以某种亲疏关系分属于不同的关系群（或组），但他们又共同统属于一个更大的“村落”集团①。

① 西安半坡博物馆等：《临潼姜寨遗址第四至十一次发掘纪要》，《考古与文物》，1980 年第 3 期；巩启明、严文明：《从姜寨早期村落布局探讨其居民的社会组织结构》，《考古与文物》，1981 年第 1 期；《中国大百科全书 · 考古学》，第 230—231 页，中国大百科全书出版社，1986 年；苏秉琦主编：《中国通史》第二卷，第 101—102 页，上海人民出版社，1994 年。

除姜寨村落遗址外，仰韶文化的社会组织情况还可以从墓地布局上得到反映。以半坡类型文化的墓地为例，其中半坡遗址的墓地被中间的空白地带分割成若干块。王家阴洼墓地明显地分为东西两区，史家墓地则被分割成几个墓区，而这些墓区又被合葬墓所分割。最为典型的是元君庙墓地，该墓地可清晰地分为东西两个墓区，分别有29座墓葬和20座墓葬，东区埋葬死者99人，西区为110人；墓葬排列也很有规律：每一墓区内的墓葬，按年代早晚由东向西分列3纵行，各行列的墓葬则是自北向南依次入葬。此外，元君庙墓地墓葬总数的63.63%是

姜寨遗址出土的合葬墓

多人合葬墓。于是我们可以清楚地看到，元君庙墓地的布局存在着“墓地—墓区—合葬墓”的三级结构。这表明，当时的聚落人群可能是由多个层次的群体组织所构成的。

半坡类型墓地的合葬墓，大多都是异性合葬，其中的一些死者分属不同辈分（死者大都为二次葬，即同一葬坑中所埋葬的死者大都死于不同时期，有些甚至是老少两三代人的合葬），而成年男女数量不成比例。这表明，合葬于一墓的死者间，并未经婚姻关系的调整；但由于“迄今为止，各族的合葬制度，都和一定亲属制相联系”，因此，考古学者认定，这些合葬墓当反映了当时关系最为密切的最基层的一级亲属关系，“是半坡类型一级亲属体在一定时期内死亡成员的墓葬”。由此，墓地的布局则出现了三级或二级结构，其中包容多个合葬墓在内的墓区，反映的是由若干个一级亲属体联合而成的二级亲属单位，而以整个墓地，则代表了由两个或多个二级亲属体联合组成的三级亲属体单位。这与仰韶文化半坡类型的村落布局（居住区被分割为房屋群、组）之间，显然存在着某种一致的对应关系。它们所揭示的“亲疏关系层次有别的三层组织，从小到大，或可与民族学以家庭、氏族及部落概念所表述

的人群组织相当”①。有研究者即认为，姜寨半坡类型村落内可能居住着由若干氏族组成的一个胞族或一个较小的部落②。

距今8 000年的兴隆洼文化与距今7 000年的仰韶文化半坡类型，在时间上一先一后，在地域上一北一南，但两者的社会组织形态，却具有若干相同的共性，体现了新石器中期史前社会组织的若干特征：

首先，当时“村落”社会的人群组织，多由两至多个层次的群体构成，各群体间呈现出较强的向心力和认同感。

上述考古资料中，聚落房址的分群（组）或分排、墓葬中的分区及合葬墓，遗迹聚落内的大房子、中心广场、向心式布局和公共墓地的存在，都反映了这一特征。至于这些村落遗址中的社会组织形式，到底应被称为“部落”“氏族”还是“家族”？客观地说，现有考古学证据并不能够对此给出明确界定。虽然学者们多根据公共墓地

---

① 苏秉琦主编，苏秉琦、张忠培、严文明撰稿：《中国通史第二卷·远古时代》，第135—146页；张忠培：《元君庙墓地》，宿白主编：《中华人民共和国重大考古发现》，第71—72页。

② 《中国大百科全书·考古学》，第230页。

的葬式和葬俗中，区分当时社会成员间的血缘关系，但得出的结论却并不一致。如姜寨遗址成人土坑墓集中于公共墓地，以单人葬为主；至稍晚的史家类型，墓葬盛行多人二次葬，一个坑内常有20具左右人骨，多的达七八十具，一般都分排分层头朝西整齐堆放。如何看待两者的不同，学术界就存在至少三种不同看法。石兴邦认为，从半坡类型单人葬为主，到史家类型合葬制的盛行，表明“氏族血缘纽带关系的紧密”①。但苏秉琦却认为，姜寨遗址前期墓地是母系氏族结构的典型标本，而姜寨后期遗址墓地男女老幼合葬墓的出现，则突破了原来氏族制男女有别、长幼有别的界限，小孩和成年人埋在一起，没有了辈分的差别，甚至没有了氏族成员与非成员的界限，这违背了氏族公社的基本原理，已是突破血缘关系的氏族分裂②。而张忠培则认为，姜寨一期和史家墓地在上述葬俗上的区别，属于泾水东、西岸的地区差异；姜寨濒临泾水，处于东西岸的交接地带，墓地一期、二期上的区别，有可能是不同时期受到两地葬俗的分

---

① 石兴邦:《中国大百科全书·考古学》，第600页。

② 苏秉琦:《中国文明起源新探》，第119—120页，生活·读书·新知三联书店，1999年。

别影响，也有可能是东、西两部分居民争夺这一地区的产物①。

其次，当时的社会人际关系，基本是以平等原则为基础的。这一点，也可以从上述两处典型聚落的居址及墓葬制度中得到反映。

兴隆洼文化聚落中的房址除了两间大房子之外，其余的面积平均都在50—80平方米。而仰韶文化姜寨遗址的房屋虽然有大、中、小之分（大多为半地穴式，房基平面呈方形或圆形。圆形房屋的面积较小，20平方米左右。方形房屋则有大、中、小之分。小的10—20平方米左右，中的40平方米左右，大的达到80甚至160平方米），但仍然体现了平等的原则。房屋无论圆形还是方形，其形制大体相似。多数有伸出室外的斜坡形或台阶形的窄长门斗，室内中央偏近门处均设有用于炊事及取暖的瓢形或圆形火塘。绝大多数房屋的居住面上还设有土床，即室内地面涂铺草泥较厚的地方，位于火塘的左或右侧，约高于室内其余地面10厘米左右。大、中型的房屋其土床除了面积有大小区别外，有些还有两个土床。建造房屋的材料也基本相同，是

① 苏秉琦主编，苏秉琦、张忠培、严文明撰稿：《中国通史第二卷·远古时代》，第133—134页。

木材、树枝、黍秸、草筋、藤条、绳索、泥土和料姜石。在村外的墓地里，半坡类型的墓葬有400座。成人土坑墓集中在墓地中，大多为单人仰身直肢一次葬，少数为单人或多人的二次葬。死者多数头向西，普遍有数量不多的随葬品。

在姜寨这个典型的村落遗址中，无论是住房还是墓葬，都没有显示出有悬殊的贫富分化和地位分化的迹象。生活在遗址这一时期的古代人群当有他们的首领，但从墓葬情况看，并未发现有哪个个人在葬式、葬具和葬仪方面有特异的情况。虽然有大、中、小房屋的区别，但只是房屋面积、土床多寡的区别，建筑技术、材料等方面则没有大的不同。而且这还可能是由整个村落成员组成的结构层次所决定的。因为从房屋内的设置及出土器物看，研究者认为，住在小型房屋中的人，当已组成一相对独立的生活单位；而中型房屋中，居住的则是因年老已终止婚姻生活的老人、尚未进入婚姻生活的青少年，以及未外出过婚姻生活的成年男子①。如此，姜寨遗址反映的正是尚处于原

① 苏秉琦主编，苏秉琦、张忠培、严文明撰稿：《中国通史第二卷・远古时代》，第153—154页。

始氏族社会时期的社会组织形态，其人与人的关系还是以集体主义和平等原则为基础的。他们的首领还没有任何的特权。

如果将这一时期同一考古学文化的聚落遗址进行横向比较，我们也看不出彼此在规模上有太大的差别。兴隆洼文化聚落遗址发现了多处，每一遗址的房址大多在 50—80 座左右。从仰韶文化半坡类型墓地资料看，其大小、规模也差别不大，所反映的当是当时各个聚落人口的基本情况。换言之，这一时期不仅社会组织内部人与人之间的关系是基本平等，就连同属于一个考古学文化的若干社会组织之间也无大的分化，其实力、规模、人口、聚落的布局都大体相当。

（三）新石器社会组织性质的讨论

关于新石器社会组织的性质，学界一般认为是母系氏族社会。《礼记·礼运》曾有关于“大同”之世的记载：

> 大道之行也，天下为公，选贤与能，讲信修睦。故人不独亲其亲，不独子其子，使老有所终，壮有所用，幼有所长，衿寡孤独废疾皆有所养。男有分，女

> 有归。货恶其弃于地也，不必藏于己；力恶其不出于身也，不必为己。是故谋闭而不兴，盗窃乱贼而不作，故外户而不闭，是谓大同。

这段记载，被许多古史研究者视为母系氏族社会组织的一般写照。而在考古学遗存所揭示的墓葬资料中，学者们也发现了若干可能证明其社会组织为母系社会的证据：

（1）在半坡类型的合葬墓中，没有成年男性和小孩的合葬墓，只见到成年女性和小孩的合葬墓。另有一座墓虽然是成年男女带着小孩的合葬墓，但只有其中的成年女性是一次葬，且在其左臂内侧和盆骨处分别放置有一蚌刀和一猪牙床，可知她才是本墓的本位，该墓并不是夫妻和孩子的合葬墓①。

（2）半坡类型的墓葬中，女性的随葬品要略多于男性。如在元君庙墓地，10 座男性墓葬中，随葬陶器在 4 件以下者 6 座，6 件以上的只有 4 座，随葬陶器最少的只有 1 件；10 座女性墓葬中，随葬 6 件以上陶器的有 9 座，最

① 苏秉琦主编，苏秉琦、张忠培、严文明撰稿：《中国通史第二卷 · 远古时代》，第 148—149 页。

少的也有3件。M420是一座成年女性及小孩的合葬墓，随葬陶器达21件，还有精美的彩陶罐，是全墓地中随葬品最丰富的墓葬①。

仰韶文化出土的人面鱼纹彩陶盆

（3）在这一类型的墓葬中，某些未成年的女孩获得厚葬或以成人葬习埋葬。按照史前社会的一般惯例，夭亡的孩子不能埋入公共墓地，也不能用成年人相同的埋葬方式（这一习俗，一直沿用到春秋时期，参见《礼记》）。在半坡类型的村落中，就常能从居住区内发掘出用以埋葬未成年人的瓮棺。当时人将小孩的尸体放入陶瓮或陶钵、陶盆等组成的葬具中，埋入居住地，或在某一房址的附近。这类瓮棺葬基本上是没有随葬品的②。但在半坡墓地，M152埋葬的却是一位年约三四岁的女孩，并且享有“至今半坡类型极少见到的”木板葬具，随葬陶器6件，其中2件陶

① 苏秉琦主编，苏秉琦、张忠培、严文明撰稿：《中国通史第二卷·远古时代》，第154—155页。

② 苏秉琦主编，苏秉琦、张忠培、严文明撰稿：《中国通史第二卷·远古时代》，第132—133页。

钵满盛粟粒。此外，带孔的青白色玉耳坠 1 件，骨珠 138 颗，随葬石球 3 个。类似的墓葬在半坡类型的其他墓地如姜寨、北首岭、元君庙等地都有发现[①]。这些未成年女孩之所以获得厚葬或成人葬的权利，大概与当时社会的母系继嗣传统有关。上述半坡类型的墓葬资料表明：当时女性的财产略多于男性；子女跟随母亲而不是父亲。这在一定程度上确实能够证明，仰韶文化半坡时期，当地的社会组织在世系和财产的继承方面是依据母系的原则进行。但世系和财产继承以母系计算，是否意味着妇女的社会地位和社会权力较男性为大，并实行母权制，却是一个颇有争议的问题[②]。

---

① 苏秉琦主编，苏秉琦、张忠培、严文明撰稿：《中国通史第二卷 · 远古时代》，第 155—157 页。

② 在这里，需要对“母系”和“母权”概念进行严格区分。有一种流行观点认为，在母系氏族社会中，世系及财产继承依母系原则进行，氏族权力也主要掌握在妇女手里。但最新人类学研究却表明，在母系社会里，继嗣和权力往往是脱节的，即虽然继嗣是通过妇女传递的，但这并不意味着妇女在社会上必然掌握权力。关于这一点，童恩正《文化人类学》第七章《亲属关系和继嗣》和《摩尔根的模式与中国的原始社会史研究》一文中，曾有详细说明。《不列颠百科全书》对“母权制”更作出这样的界定：“母权制，一种假设的社会制度。在此种社会中，由妇女行使家庭和政治权力。由于达尔文进化论和瑞士人类学家 J.J. 巴霍芬著作的影响，19 世纪某些历史学家和人类学家认为母权制是杂交乱婚阶段之后、父权制之前的一个社会发展阶段。现代人类学家和社会学家一致认为，严格的母权制社会从未存在过。”参见《不列颠百科全书》第 11 卷，第 11 页。

（四）新石器时代社会组织的演化趋势

目前考古学证据已经表明，新石器时代人类社会组织的演化趋势，整体上呈现复杂化趋势。新石器时代晚期开始，各考古学文化区系的社会组织方面，都出现了一些新的变化因素。

以山东地区的考古学文化为例，1991 年 7 月在山东章丘西河遗址的勘察和发掘工作中，探明新石器时代早期房址近 70 座，多数房址的面积都在 30—40 平方米之间，大者超过 50 平方米，基本按照居住区、炊饮区、活动区三部分划分，该遗址的树轮校正年代大致在距近 8 400—7 700 年之间，属于早期新石器文化。到了距今 7 300—6 100 年左右的北辛文化遗址中，发现的房屋面积却较小，一般只有 4—6 平方米，超过 10 平方米的极少。另外，北辛文化遗址墓葬中，还出现了多人合葬的现象。研究者认为，多人合葬现象的出现和小型房子的普遍使用，说明了社会处于从母系氏族向父系氏族社会的转化①。

在时代稍晚的大汶口文化时期，山东地区考古学文化

---

① 山东省文物考古研究所:《山东省文物考古工作五十年》,《新中国考古五十年》, 第 233、234 页, 文物出版社, 1999 年。

的这种演变趋势更趋明显。大汶口文化时期的房址以半地穴式位置，面积小者不足 10 平方米，大者有超过 30 平方米的，墓葬的情况也出现了新变化，除为数较多的单人直肢葬之外，也有多人二次合葬和一次合葬。考古工作者曾在属于大汶口文化早期的刘林遗址中，发现了 8 座推测是夫妻合葬的墓葬，还有 1 座成年男性带 1 个小孩的合葬墓①。研究者认为，这些可看作“刘林期随着一夫一妻制婚姻确立的同时，实现了世系及财产关系的父系继承制的证据”。不过，由于这些墓葬在当时墓葬中仍属于少数，因此研究者也指出，在实现向父系制过渡时，该期各居民点的情况也是不平衡的。甚至可能在同一居民点，某些人已经实行了一夫一妻，另一部分人“还可能仍然过着母系制生活”②。但到了大汶口文化中期以后，在居址方面，开始出现地面式建筑，墓葬中的男女合葬墓也增多，墓葬规格差别明显，随葬品多少悬殊。这种种迹象都表明，大汶口文化中晚期的社会组织出现了某些大变革迹象。

---

① 张忠培:《大汶口文化刘林期遗存试析》,《吉林大学学报》1979年第1期；苏秉琦主编，苏秉琦、张忠培、严文明撰稿:《中国通史第二卷·远古时代》,第 185—187 页。

② 苏秉琦主编，苏秉琦、张忠培、严文明撰稿:《中国通史第二卷·远古时代》,第 187 页。

大汶口文化时期半地穴式住房的模型

山东地区考古学区系文化的这些变化，并不是孤立现象。在这一时期，各地其他新石器时代的考古学区系文化的社会组织，也大致经历了一个从小到大、从简单到复杂的演化过程。考古学者在黄河中游的仰韶文化后期、黄河上游的马家窑文化、辽西红山文化、长江中游两湖地区大溪文化晚期和屈家岭文化遗址中，都发现了一些大型村落遗存，面积从数十万到上百万平方米不等，有的村落遗址的房屋数量达200—300座以上，墓地数量达上千座，显示人口密度的增加和定居生活的巩固；而不同村落中的房址、墓葬的规模、质量和随葬品情况，已经开始出现分化，表明当时的村落组织已出现某种程度的分级状况。

从居住情况看，以往的单间式房屋开始在这一时期衰落，而带有套间和分间的分间式房屋却陆续出现，尤以河南仰韶和湖北屈家岭文化最为流行。例如，河南郑州大河村仰韶文化遗址，曾发现许多分间式房屋。这些房屋的布局，或为套间，或为连间，还有后来扩建的迹象，这反映了家庭人口数量的增加和组成结构的变化；而有些双间房子，还附带有窖穴或小型库房，表明这种家庭已经是相对独立的经济实体。河南淅川下王岗遗址，甚至出现了一座长 85 米、深 6—8 米、面阔 29 米的带门厅的长屋，其中

仰韶文化房基基址和窖穴

有双间套房，也有单间套房和单间房。从房中的情况看，每一种自成单元的房子的居民，都是一个基本独立的生活单位；这些房屋的面积差异，当与居住者的家庭人口数目有关，而房屋的结构差异则与家庭成员的构成情况有关。这表明，当时的家庭形态，已有对偶制的核心家庭、多偶制家庭或扩大家庭出现。

但同时也应该看到，这一时期的分间房屋，往往是与单间房屋同时并存的，有些100平方米以上的大型单间房子，可能是原始社会末期常见的男子组织的集体住所，或村落组织的公共活动场所。而从目前已经发掘的村落房屋布局特点来看，多数房屋都呈现有规则的排列，而非散点分布；显示村落组织的社群集体观念，在当时社会生活中仍有一定作用①。

从埋葬习俗看，这一时期，单人葬开始大量流行，并逐渐取代了以往普遍流行的多人合葬与同性合葬，另有一些成年男女的合葬墓出现，据推测应该是夫妇合葬。这表明，以个体核心家庭为主的家庭经济，已经日益巩固。

随着社会生产力的不断发展，人类逐渐进入了铜石并

① 苏秉琦主编，苏秉琦、张忠培、严文明撰稿：《中国通史第二卷·远古时代》，第243—250页。

用时代，新的社会结构因素不断涌现，私有制、贫富分化、社会分层和男女分工更加明显。种种迹象表明，到了铜石并用时代，中国文明的曙光已经开始显现。

（于　凯）

六　天·上帝

先民认为天或上帝是万事万物的创造者和主导者，“万物本乎天”①，“天生烝民”②，“上帝临女（汝）”③；他既能“使万物皆盛，草木畅茂，禽兽硕大”④，有时又令初民发出“天实为之，谓之何哉”⑤的感叹。因此，先民在很早的时候就产生了对天或上帝的崇拜。天和上帝崇拜实际上是先民自然崇拜的一种表现形式。

（一）自然崇拜的内涵及其产生

自然崇拜作为先民的一种原始信仰，其具体内涵一直是史学界至今未能完全弄清楚的问题，大体说来主要有以

---

① 《礼记·郊特牲》，上海古籍出版社，1997年。
② 《诗·大雅·烝民》，上海古籍出版社，1980年。
③ 《诗·大雅·大明》，上海古籍出版社，1980年。
④ 《诗·小雅·天保》，上海古籍出版社，1980年。
⑤ 《诗·邶风·北门》，上海古籍出版社，1980年。

下几种观点：第一种观点，认为自然崇拜即是对天体、土地、山、石、水、火、风、雨、动植物等自然物和自然力的崇拜①；第二种观点，认为自然崇拜是世界各民族历史上普遍存在过的宗教形式之一，是对神灵化的自然现象、自然力和自然物，即神灵化的天、地、日、月、星、雷、雨、风、云、虹、山、石、水、火等的崇拜②；第三种观点，认为自然崇拜就是人们将大自然的许许多多对象，如日、月、星、山、河、土地、石头等加以神化，并对他们崇拜③；第四种观点，认为"中国民众自古以来到现在一直存在着对由感官直接感觉到的自然力、自然现象及自然物的崇拜，通常简称为自然崇拜"④；第五种观点，认为自然崇拜，其特点是"把直接可以为感官所察觉的自然物或自然力当作崇拜现象"⑤。诸家观点的分歧主要在于对自然崇拜的对象的界定不同，有的重在自然物，有的重在自然现象，有的重在自然力，有的认为三者都应包括在内。毫无

① 于锦绣：《彝族的近祖崇拜》，《世界宗教研究》，1983 年第 2 期。

② 何星亮：《中国自然神与自然崇拜》，三联书店，1992 年。

③ 朱天顺：《原始宗教》，上海人民出版社，1964 年。

④ 乌丙安：《中国民间信仰》，第 15 页，上海人民出版社，1995 年。

⑤ 宋兆麟、黎家芳、杜耀西：《中国原始社会史》，第461页，文物出版社，1983 年。

疑问，从各自角度而言，这些都是有道理的，然而上述观点大多没有完全揭示自然崇拜的内涵和根本特征。

自然崇拜有狭义和广义之分。

狭义的自然崇拜是指对天体、土地、山川河流、日月星辰、风雨雷电、鸟兽鱼虫、木石水草等自然物和自然力的崇拜。它包括两方面内容，一是对自然界中利己力量的崇拜。《国语·鲁语上》云："……加之以社稷山川之神，皆有功烈于民者也；及前哲令德之人，所以为明质也；及天之三辰，民所以瞻仰也；及地之五行，所以生殖也；及九州名山川泽，所以出财用也。非是不在祀典。"这里很明确地指出，人们之所以去崇拜它们，是因为被崇拜的自然对象对人们有用处。从这个角度说，人们对大自然的崇拜，实质上就是对大自然的依赖。二是对自然界中异己力量的崇拜。在原始社会，由于生产力十分低下，先民们面对着充满神力的灵性世界，对它的神秘、强大、仁慈、邪恶等特点无法把握，难免在心中产生神奇、惊愕、无助、恐慌、畏惧、敬仰等情感，而且随着这些情感的世代积淀，便将它们作为一种明确的意识凝结并积淀起来，并要求为它们找到一个稳恒的寄托对象，这样便形成了人类最初的信仰要求——自然崇拜。也就是说，不管利己还是异己，对于先民来说都是不能随意左右的力量，正如恩格斯在《德意志意识形态》一书中所指出的那样："自然界起初是作为一种完全异己的、有限威力的和不可制服的力量与人们对立的，人们同它的关系完全像动物同它的关系一样，人们就像牲畜一样服从它的权力，因而，这是对自然界的一种纯粹动物式的意识（自然宗教）①。"

广义的自然崇拜不仅包括对自然力和自然物的崇拜，还包括对自然力和自然物神化后所形成的自然神的崇拜，如天神、上帝神、日神、月神、石神、火神等，这是对自然力和自然物的人格化发展。在原始人眼里，强大的自然物如日月星辰、山川木石、鸟兽虫鱼等，神秘的自然力如风雨雷电、霓虹云雾等，都具有至高无上的灵性，往往能主宰人的命运，改变人们的生活。因此，在人们不能征服和认识它们的时候，先是崇拜这些自然力和自然物的本体，接着又把它们当作有生命力的神灵而加以顶礼膜拜，甚至赋予某些自然力以形体，出现了雨师、风伯、雷公、云君等自然神。

自然崇拜作为我国原始宗教的一种较早的形式，它是

① 马克思、恩格斯：《德意志意识形态》，《马克思恩格斯选集》第一卷，第35页，人民出版社，1972年。

如何产生的呢？人类演进的历史经历了从初级阶段到高级阶段的漫长过程。在原始社会，人们的生产力极端低下，生产范围十分狭窄，生产斗争极其单纯，那时，人们还没有认识到周围的自然现象对于人类生活的价值，对它们也就不会抱有什么希望；同时，由于人本身能力的极其低下，人们只是自发的适应自然，还没有产生祈求大自然减轻对自己的压迫和力图控制大自然的思想，自然崇拜也就不会产生。可是，到了畜牧和采集经济阶段，一方面，随着生产力的逐步提高和生产范围的日益扩大，人们在生产斗争实践中对某些自然现象有了初步的认识，逐渐认识到自然现象同人们生活的某些关系，因而开始对自然现象抱有某种希望，并力图加以控制；另一方面，人们在变幻莫测的大自然面前又显得极其渺小、脆弱、孤单，对大自然的一些无法解释和控制的现象感到十分的恐惧和惊慌，因而产生了对某些自然物、自然力的依赖感，并对它们进行崇拜，自然崇拜也就随之产生。也就是说，当人类的思维从本能的被动的初期发展到独立思考的初级阶段时，对生存环境中的生命现象和自然现象有着诸多的迷惑而不知所解，不可抗拒的自然力使之敬畏，因而产生信仰与自然崇拜。

先民对于那些不可理解、无法解释的自然现象，在生活实践中是不能弃之不顾的，于是，便根据本身的经验对它们进行幻想和假设，把风雨雷电、日月星辰的运转，地震干旱以及生、老、病、死等生理现象，解释为神灵现象，其结果就是把各种自然现象人格化、社会化，从而产生了各种自然神和精灵、鬼魂，对自然神的崇拜也理所当然地成为自然崇拜的一部分。他们认为山川之神和日月星辰等神会主宰各种灾害，只有对他们加以崇拜祭祀，才能请求他们不降灾祸于人间。“山川之神，则水旱疠疫之灾，于是乎禜之；日月星辰之神，则雪霜风雨之不时，于是乎禜之”①，“禜”就是古人攘除灾害的一种祭祀。恩格斯就此指出：“在历史的初期，首先是自然力量获得了这样的反映，而在进一步的发展中，在不同的民族那里又经历了极为不同和极为复杂的人格化②。”

不管是对自然力和自然物的崇拜，还是对自然神的崇拜，都没有脱离现实的自然物；即使崇拜的对象不是由感官所感觉的某种力量，而是纯系幻想出来的某种超自然的精灵、神仙，都没有同自然物、自然力截然分开，都没有

---

① 《左传·昭公元年》，山东大学出版社，1999年。

② 恩格斯：《反杜林论》，《马克思恩格斯选集》第三卷，第354页，人民出版社，1972年。

超出自然物的范围。

自然崇拜作为原始宗教的一种形式，已为绝大多数学者所认同；但对于自然崇拜是不是我国最早出现的宗教形式，或赞同，或否定。然而，不管自然崇拜是不是最早的宗教形式，它在宗教史上都占有十分重要的地位，对人类文化有着积极的影响，特别是对我国古代哲学思想的形成功不可没，如我国古代的五行阴阳学说、天人感应观等。

（二）自然崇拜的表现形式及其主要内容

中国古代先民的自然崇拜对象十分广泛，内容博大精深，主要表现为以下诸种形式。

1. 天神与天（上帝）崇拜

从世界范围来说，对天体的神化和崇拜是一个十分普遍的现象。在原始人看来，天体的一切变化都是变幻莫测、不可捉摸的，它有时给人们带来光明和温暖，有时又给人们带来黑暗和寒冷；有时给人们带来意外的收获，有时又给人们带来不测的灾害。因此，原始人群把天体当作一种神秘的力量而对它产生依赖、感谢、敬畏、恐惧等复杂的情感并进而对其进行崇拜。

“天”和“上帝”都是中国古代对最高神禘的称呼，

其产生是统一政权和社会等级结构的反映。统治者往往有意识地利用有关天和上帝的传说和认识来加强对初民的思想统治，为朝代的更替和君权的神授制造舆论，所谓“唯天为大”[①]，“天命不易”[②]，“天之所置，其可废乎”[③]？“天之所废，谁能兴之”[④]？作为具体观念的天和上帝，前者的出现早于后者。“天”这一观念早在夏代即已产生，《墨子》一书中多次提到作为天神的天，如当大禹征伐有扈氏时，云其是“天用剿绝其命”，而自己是“共行天之罚也”[⑤]。禹征三苗时，也说是“用天之罚”[⑥]。“上帝”这一称号产生于殷商时代，是殷人对最高神禘的称呼，甲骨文中多次出现“上帝”或“帝”这两个名称，正是商代已产生“上帝”或“帝”观念的有力证明。陈梦家曾指出，“卜辞中上帝有很大的权威，是管理自然与下国的主宰”，“不但施令于人间，并且他自有朝廷，有使、臣之类供奔走者”[⑦]。周人主要以“天”为最高神禘的称呼，有时也称“皇天”“上

① 《论语·泰伯》，文物出版社，1997年。
② 《书·大诰》，中华书局，1998年。
③ 《左传·僖公二十八年》，山东大学出版社，1999年。
④ 《左传·襄公二十三年》，山东大学出版社，1999年。
⑤ 《墨子·名鬼·下》引《虞夏书》，辽宁教育出版社，1997年。
⑥ 《墨子·兼爱·下》引《虞夏书》，辽宁教育出版社，1997年。
⑦ 陈梦家：《殷墟卜辞综述》，第562、572页，中华书局，1988年。

天”“昊天”，有时连称“皇天上帝”“昊天上帝”。随着祭祀文化的发展，“天”和“天帝”、“天帝”和“上帝”往往混同互指，反映了早期先民自然崇拜的不确定性。

2. 土地神与土地崇拜

中国自古以农立国，在先民们看来，土地的力量是无穷的，万物在其上生长生存，土地被视为是生与再生的源泉，人从尘土中来，又终究会回到尘土中去，正如《释名·释地》所云：“地，底也，言其底下载万物也”；“土，吐也，能吐生万物也”。这样，当人们在锄地播种或掘土

土地公公婆婆

建筑时，就担心土地会动怒，会对自己惩罚；另一方面，虽然农作物的收成好坏要受土地的肥瘠、气候的变化、耕种技术的高低、虫害的侵袭等诸多因素的影响，但先人并不能理解这些，而将这一切都归诸于土地之神，认为是土地之神在控制着农作物的丰歉，所以先民对土地便怀着一种神秘、敬畏、祈求的心态而对其进行崇拜，以讨好地神，希望它能保障自己的生活，风调雨顺，连年丰收。

为了感谢土地之神对人类的恩泽，先民们创造了各种土地崇拜的仪式对其加以祭祀。对此，我国古书中有大量的记载。如《周礼·大宗伯》所云："以血祭祭社稷、五祀、五岳。"这里说的社稷的社就是指地神。《周礼·大宗伯》云："王大封，则先告后土。"郑注："后土，土神也。"《礼记·郊特牲》云："地载万物，天垂象。取财于地，取法于天，是以尊天而亲地也。故教民美报焉。"又云："社祭土。"《礼记·祭法》云："共工氏之霸九州也，其子曰后土，能平九州，故祀以为社。"《白虎通·社稷》云："王者所以有社稷何？为天下求福报功。人非土不立，非谷不食，土地广博，不可遍敬也，五谷众多，不可一一而祭也。故封土立社，示有土尊。"《孝经·援神契》云："社者，五土之总神；土地广博不可遍敬，故封土为社而祀之，以报功

也。”《风俗通史·祀典》云：“社者，土地之主。土地广博，不可遍敬，故封土为社而祀之，报功也。”《左传·昭公二十九年》云：“故有五行之官，是谓五官。木正曰句芒，火正曰祝融，金正曰蓐收，水正曰玄冥，土正曰后土。颛顼氏有子曰黎，为祝融；共工氏有子曰句龙，为后土。”郑玄注：“社，后土也，使民祀焉。”疏云：“后土，即社神也。”《礼记·月令》亦云：“中央土，其帝黄帝，其神后土。”

中国上古的土地崇拜有两个特点。第一个特点是：中国的土地神有多神合并的特点。这说明原始人是先对地面的具体自然物，比如土块、山坳、小片绿原发生信仰和崇拜，然后才对一般的土地发生崇拜。第二个特点是：中国的土地崇拜经常同农事仪式相结合。这说明土地崇拜主要是农业社会的一种信仰方式。

3. 日、月神与日、月崇拜

我国早在新石器时代就产生了太阳神的观念和太阳崇拜。在旧石器时代至中石器时代中期即采集和渔猎阶段，人类主要依靠各种野菜和动植物生存，太阳作为大自然中的光明使者，东升西落，冬暖夏凉，并没有给先民的生活带来多少直接的影响，或者说先民并没有意识到太阳对生命的重大意义，也就不会产生对太阳的崇拜。可是到了农业和畜牧业阶段，太阳对生命的特殊意义充分显示出来，太阳不仅能使农作物长势良好，果实累累，也能把农作物晒死，颗粒无收。没有太阳的照临，五谷会腐烂，食物会发霉。太阳能带来盎然的生机，使草丰土沃，牲畜肥壮，也会带来干旱和死亡，使万物枯萎，大地一片萧条。于是，先民开始对太阳产生崇拜，视其为生命和果实的主要赐予者，祈求它给人们带来丰收和温暖，并认为冥冥中有个太阳神在主宰着一切。潮汕人至今仍然把太阳当作崇拜对象，而且把每年的3月19日作为太阳公圣诞。这一天，家家户户要用面条以及红糖祭祀。

我国古代曾流行过太阳崇拜，这在文献记载中可以找到根据。《卜辞》里有“宾日”“出日”“入日”之记载。《尚书·尧典》中也有“宾日”于东、“饯日”于西的记载。《礼记·月令》亦云：“立春之日，天子亲帅三公、九卿、诸侯、大夫，以迎春于东郊”；“立夏之日，天子亲帅……以迎夏于南郊”；“立秋之日，天子亲帅……以迎秋于西郊”；“立冬之日，天子亲帅……以迎冬于北郊”。

太阳神的观念产生之后，人们不仅视太阳为丰收之神，还视其为民族和王权的保护神、明察秋毫之神。太阳

神的形象也逐渐丰富起来，有太阳形、几何符号形、竹筒形、人面形等。在我国古代神话中，日与鸟往往结合在一起，日、鸟合一，这反映了先民自然崇拜和图腾崇拜的整合现象。

太阳纹陶罐

一些遗址出土的彩陶中出现太阳图案的纹饰正反映了这种自然崇拜，“而日常器用中通行红陶和装饰中注重红色也极可能与太阳崇拜有关。考古发掘表明，庙地沟类型的陶器纹饰仍以象征火苗的‘钩叶’和象征太阳的‘圆点’作为构图的主题”①。

太阳神岩画

与太阳神观念的产生一样，月神观念的产生也与农牧业有着十分密切的联系，而且与太阳神观念大

① 王子今:《文明初期的部族融合与龙凤崇拜的形成》,《文博》, 1986年第1期。

致产生于同一时期。我国古代有许多日月相连的神话，或是姐妹，或是夫妻。月中有蟾兔和嫦娥的神话由来已久，蟾蜍和玉兔往往被视为月亮的象征。

据有关学者考证，庙地沟类型中所出的大量抽象化了的蟾蜍纹饰和鸟纹饰正是月崇拜和日崇拜的寓意，它们广泛分布于几乎整个仰韶文化区域，反映了先民的日、月崇拜。“象征这二族的鸟纹饰与蟾蜍纹饰共饰一器的现象，说明了他们的胞族关系。……崇拜月和日的二族，广泛分布于黄河流域，彰明昭著，非常显赫，实际上就是历史上的华夏族①。”

4. 天象崇拜

天象崇拜包括风与风神崇拜、雨与雨神崇拜、雷与雷神崇拜、电与电神崇拜、云与云神崇拜、虹与虹神崇拜、星与星神崇拜等。

风雨雷电诸神观念都是在万物有灵观念的基础上产生的。先民们对风雨雷电等等自然现象感到不可理解，认为冥冥中必有神祇主宰着这一切。特别是雷电，当烨烨闪电划破长空、隆隆雷声震撼大地之际，人们看到随着霹雳一

① 刘夫德:《从我国的日月崇拜看华夏族》,《中南民族学院学报》, 1984年第4期。

雷公和电母塑像

声巨响，参天的古树被劈成两半，坚固的屋宇顷刻坍倒、葱郁的森林燃起熊熊烈火……这一切都给先民带来巨大的恐慌，折服人们对其进行崇拜。

5. 山神、石神和山、石崇拜

大自然构造的群山峻岭、悬崖峭壁等景观，为人们提供了丰富的神秘信仰之源。古代的先民对于山有两种认识：一种认为它是通往上天的必由之路，令人敬畏；一种认为它是幻想中神灵的居所，值得崇拜。由此看来，原始人群之所以崇拜山峰，大体有两个原因：一是山峰具有高大雄伟和人们难于接近等神秘性；二是在万物有灵的观念下，山峰本身被幻想为某种神灵的化身，或认为有某一神在镇守、管理着山中的动植物和财宝①，所谓“山无大小，皆有神灵。山大则神大，山小则神小”②。

中国古代典籍中有很多对大山崇拜的记载。如《山海经》把昆仑山看作诸神聚会的地方；《史记》把蓬莱、方丈、瀛洲视为海外神山。各个民族都流传着有关大山和山神的故事。如海南黎族崇拜五指山神、满族则崇拜长白山神、柯尔克孜族尊崇高山为民族保护神。山区人民特别崇拜大山，正所谓靠山吃山。尤其是山林中隐栖着各种各样的动物，为远古狩猎人提供了丰厚的动物，也使人们更加坚信这些都是山神的恩赐。

先民崇拜的山神种类很多，有司禽兽之山神、司雨水之神、司鬼魂之神等。如湘西苗族认为梅山神专管山中野兽，凡狩猎者均需祭祀之③。

自1976—1978年两座战国中山王墓在河北平山县三汲公社相继发掘后，据陈应祺先生考证，其中出土的文物如山字形仪仗饰、中山侯铜钺等都反映了当地居民悠久

---

① 朱天顺：《原始宗教》，第34页，上海人民出版社，1964年。

② 《抱朴子·登陟》，上海古籍出版社，1990年。

③ 石启贵：《湘西苗族实地调查报告》，第483页，湖南人民出版社，1986年。

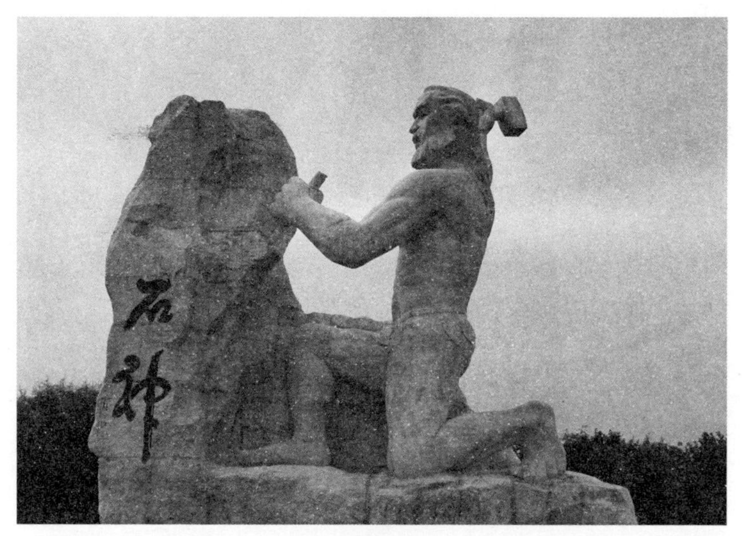

石神雕塑

的崇“山”习俗。一些器物的装饰文饰大都以山区常见的鹰、蛇、虎、鹿、猴等为主，也反映了其崇“山”的特征①。

石神观念的产生有多方面的原因。首先，石器不仅用于狩猎、宰杀禽兽、切割兽皮、砍伐树木等，还是一种重要的武器。其次，一些石块能摩擦起火。第三，天降陨石也是人们崇拜石的原因之一。第四，有些巨石可

① 陈应祺:《从考古发现谈中山国的崇“山”特点》,《河北学刊》, 1985年第5期。

能由于飓风或地震等原因，会突然立起或行飞它处[①]。如珞巴族阿帕尼人自然崇拜巨石，认为巨石是精灵的聚集地，每逢“莫朗节”必须前来祭祀这些巨石精灵。有的学者认为图腾崇拜是人类母系氏族社会的伴生物，而大石崇拜，则是人类社会中，父权制兴起后象征父权及父权制崛起的产物。大石崇拜是新石器时代中晚期的产物，它反映了这个时期的人类社会风貌、社会变革发展以及民族精神文化[②]。

有些先民还把石块作为避邪、驱魔之神或生育之神。如古代锡伯族就认为神石有镇兽、驱鬼、拦魔的作用。

6. 水神、火神和水、火崇拜

在中国，对于水的崇拜在原始信仰中最古老也最直接。南方民族大多有关远古世界大洪水的神话及人类起源于大洪水神话的传说。不管水有益于人类还是有害于人类，人类及动植物都必须依赖水而存活，对水的崇拜也就必然产生。

我国很早就有了有关海神的传说。如《山海经·大荒东经》所载：“禺京处北海，禺猇处东海，是惟海神。”另

---

① 何星亮：《中国自然神与自然崇拜》，第349页，三联书店，1992年。

② 章虹宇：《大石崇拜及其习俗》，《民间文学论坛》，1986年第3期。

外还有专司长江、黄河、淮河、济水的神，所谓“四渎”。共工氏也被尊为水神。

火神祝融画像

火与人类的关系极其密切，从发现自然火、有意识的保护和延续自然火到人工取火，火在原始人的生产和生活上发挥着愈来愈重要的作用：烧水做饭、照明取暖离不开火，开荒垦殖、芟草驱虫离不开火，冶铸铜铁、烧制瓷罐离不开火，战争、猎兽等都离不开火，火能“博赡群生，资育万类。……功用关乎古今，勋绩著乎百姓”①。因此，先民很早就产生了火神观念和对火的崇拜。如珞巴人认为火是神圣的东西，十分崇拜灶神，饭前由主妇先投食物于火塘

① 潘尼：《火赋》，《初学记》卷二十五引，中华书局，1962年。

中，以示对火神的供奉。人们禁止跨越火塘，禁止翻动灶塘中的柴和木炭，禁止放脏东西在火塘旁，也不能朝火塘方向扫地。

在中国最早的火神当是传说中的燧人氏，“上古之世，……民食果蓏蚌蛤，腥臊恶臭而伤害腹胃，民多疾病。有圣人作钻燧取火，以化腥臊，而民悦之，使王天下，号之曰燧人氏”①。炎帝和祝融也都是古人所尊奉的火神。

另外，中国古代有的部族和地区还存在着其他形式的崇拜，如对花草果实、谷物、树木、鱼虫鸟兽等动植物的崇拜。如“厥巴厥马都”是拉祜人自然崇拜的“神林”。每个村村寨附近都有一片树林，人们将一棵最大的古树视为“神树”，为本村寨“神林”的象征。逢年过节时，各家各户都须为神林点上蜡烛，以肉、饭、水献祭，以求人畜平安。又如古代楚人崇拜桃树②，而藏族则崇拜许多与

鸟兽龙纹壶

① 《韩非子 · 五蠹》，上海古籍出版社，1989 年。

② 陈贤发：《楚人对桃的崇拜源流考略》，《民间文学论坛》，1985 年第 6 期。

白色有关的动植物[①]。考古发掘的商周青铜器中有大量的鸟兽形器及其他特殊器类，都突出了当时人民精神活动的主题。这种器类包括各种鸟兽形尊、鸟兽形觥、鸡彝和动物形卣等。“商人制作它们并非为了观赏，而是出于对自然力的崇敬和支配它的欲望的幻想[②]。”

新石器时代出土
陶葫芦

云南鲁甸马厂新石器时代遗址出土的九件陶器，其中一件发掘报告称之为“陶勺形器”，形状酷似葫芦，在颈部有一小圆孔，体部有一大圆孔，内部实心而不相连，显然不是葫芦笙一类乐器，也不是器皿。有学者认为是一种自然崇拜物，而且从艺术的角度看，是对葫芦模仿的极像的陶葫芦，可以归于象形的即葫芦（植物）形的原始造型艺术品[③]。

---

① 谢继胜:《藏族白色崇拜探索》,《民间文学论坛》, 1986 年第 3 期。

② 张春长:《浅谈商周青铜器风格与思想意识演变》,《三代文明研究》(一), 科学出版社, 1999 年。

③ 申戈:《云南原始艺术初论》,《云南人类起源与史前文化》, 第385—386页, 云南人民出版社, 1991 年。

（三）自然崇拜的特点

我国自古以来即以农立国，以牧为辅，先民们在改造大自然的过程中创造了各种各样的自然神和丰富多彩的自然崇拜文化。中国的自然崇拜有着自己的特点：源远流长、古风今存、一神多职、内容丰富、祭祀场所多样、仪式浩繁等等。

1. 源远流长

上至新石器时代，下至21世纪的今天，我国都存在着多种多样的自然崇拜。如在新石器的大汶口文化中发现有日、月崇拜的遗存，河姆渡文化中有鸟崇拜的遗迹；在

天坛祈年殿

殷商时期的甲骨卜辞中有大量的祭祀天地日月、风雨云雪、山川河流的刻画；《周礼·大宗伯》中记载了大量周代对天神、上帝、日月星辰以及五岳山川进行祭祀的情况；秦汉以后的自然崇拜比之三代有过之而无不及，仅二十四史记载的各朝帝王登泰山进行“封禅”、祭天的事例即已不可胜数；明清以来修建了天坛、地坛、日坛、月坛等祭祀自然神的巨大场所；到了今天，各少数民族中仍广泛地残留着各种形式的自然崇拜现象。

2. 古风今存

不管是在我国古籍记载中，还是在考古发现中，所反映的上古时期自然崇拜的现象在今天的一些民族中仍能找到遗存。如《尔雅·释天》云：“祭星四布。”郭璞注云：“布，散祭于地。”即以烛或灯象征星辰，按天上星辰的方位排列于地，点燃祭祀。这一古老的祭法在20世纪50年代的锡伯族中仍残留存在①。

3. 一神多职

在我国先民的自然崇拜中往往存在着一种自然神身兼数职的现象。如火神，古突厥人认为其有避邪、驱魔、照

---

① 何星亮：《中国自然神与自然崇拜》，第33页，三联书店，1992年5月。

明的神职，因而把它当作光明之神加以祭祀崇拜[①]；而阿尔泰乌梁海人则把它当作家庭保护神而加以顶礼膜拜[②]。

又如月神，蒙古人把它当作吉祥之神，他们“把月亮称谓大皇帝”[③]，“每当天空出现新月，或月圆时，他们便着手去做他们愿意做的任何新的事情。……并向它下跪祈祷”[④]。而有的地区却把它当作青春之神。传说中的嫦娥偷吃了长生不死之药到了月宫之后，“虽然在那里过着寂寞的生活，可是她的青春美丽却保住了，因此妇女们认为嫦娥有使人保持青春美丽的神性，中秋节时设案拜嫦娥，供奉瓜果。台湾有些妇女还迷信将祭过嫦娥的柚子皮剥削下来擦脸就能使自己长得又嫩又白”[⑤]。

4. 内容丰富

这不仅表现在我国自然崇拜的对象的广泛和自然神形象的丰满，还表现在同一种自然神的表现的多样化，这在世界范围内都是独特的。如雷神的形象，其中最早的当是

① 张星烺:《中西交通史料汇编》第4册，第285—286页，中华书局，1977年。

② 何星亮:《阿尔泰乌梁海人的宗教信仰初探》,《民族研究》，1987年第1期。

③ 道尔吉·班托罗夫:《黑教或称蒙古人的萨满教》,《蒙古研究参考资料》第17辑。

④ 道森编:《出使蒙古记》，第12页，中国社会科学出版社，1983年。

⑤ 朱天顺:《中国古代宗教初探》，第26页，上海人民出版社，1982年。

先民看到闪电的形状像龙蛇而把雷神当作龙神进行崇拜，“幻想龙这一动物的契机或起点，可能不是因为古人看到了与龙相类似的动物，而是看到天空中闪电的现象引起的”①，我国古籍中也有“雷泽中有雷神，龙身而人头，鼓其腹则雷”②的记载。后又有雷鸟、雷兽、雷斧和人形等形象，如对于古代铜鼓上的鸟形，石钟健认为“日本住友氏所藏铜鼓和新发现的崇阳铜鼓，盖纽上铸的都是鸟喙雉翼的雷公像。……东山式铜鼓上主要刻画几何形的云雷纹，想是借此表示崇拜雷公之意”③。

5. 祭祀场所多样

自然崇拜对象的广泛性和各民族的差异性决定了我国古代自然崇拜祭祀场所的多样性：有的在山头，有的在水边，有的在树下，有的在屋内，有的在田间，有的在野外；或铸天坛而祀，或见庙宇而祭。如我国古代的蒙古人、契丹人和大理的白族就常到高山上去祭祀，匈奴人和突厥人在水边祭祀，羌族则在神林中祭祀。

---

① 朱天顺:《中国古代宗教初探》，第 51 页，上海人民出版社，1982 年。

② 《山海经·海内东经》，上海古籍出版社，1989 年。

③ 石钟健:《铜鼓船纹中有没有过海船》，《中国古代铜鼓学术讨论会论文集》，第 184 页，文物出版社，1982 年。

云雷纹铜鼓

6. 仪式浩繁

中国各民族的祭祀仪式可谓丰富多彩、浩繁复杂。如祭天仪式有祭天典礼和普通祭祀两种。各代帝王的祭天典礼仪式十分浩繁复杂，场面隆重，极尽奢华；而普通祭祀则因时、因地、因人而异，有的神秘色彩极浓厚，有的载歌载舞，风格独特。又如祭土仪式，有血祭、牲祭、禽祭、酒祭、瘞埋等。如我国古籍所记载："瘞埋于泰折，祭地也，用骍犊①。"

（四）自然崇拜的意义及其影响

自然崇拜反映了人类早期在与自然界的关系中处于十

① 《尔雅·释天》，辽宁教育出版社，1997 年。

分软弱和被动的地位，缺乏对自然事物的认识，并高度依赖于自然环境的状况。但自然崇拜有更广泛的文化意义，“它表现了古人对自然界的纯朴的热爱和尊重，又表现了古人企图改善自身生存条件的热切愿望”①。大自然是造物之主，它不仅孕育出万物的灵长，还不断用自己的乳汁哺育他们生长繁衍。自然崇拜正反映出人类对自然界的感激、热爱之情。

自然崇拜同人类早期的社会生产活动是紧密相连的。先民将各种自然崇拜的祭祀活动同农事活动和人际交往相配合，将祭神活动与耕作、管理、收获等过程有机结合起来，借重于神灵的权威，既有助于合理安排农事活动和组织生产，又增强了改造自然的勇气和信心。这无疑使人类迈向现代的步伐大大加快，是人类的一大自我超越。

自然崇拜还激发了先民的巨大想象力和思考能力。他们把自己对大自然的全部感情，“包括热爱、畏惧、依赖、赞美、敬佩等复杂的情怀，倾注到宗教形式下的精神创造活动中去，催生出原始舞蹈、音乐、美术、雕塑、神话，形成一整套原始文化”②，保存和传播了各民族的历史，丰

---

① 牟钟鉴、张践:《中国宗教通史》，第13页，社会科学文献出版社，2000年。

② 牟钟鉴、张践:《中国宗教通史》，第14页，社会科学文献出版社，2000年。

富和发展了民族歌舞，将中华民族优秀的传统文化传播至今。如《淮南子》中有关月亮和蟾蜍的神话，《山海经》中有关昆仑山、太阳和乌鸦的神话，《庄子》中关于鲲鹏的神话，都是在自然崇拜的基础上产生出来的美丽动人的永久传说。

（汪　奎）

七　中华图腾

“图腾（totem）”一词源于北美印第安人阿尔衮琴部落内的奥吉布瓦方言，意为“他的亲族”，即氏族标志，首先由美国著名人类学家摩尔根在他的名著《古代社会》中提出①。马克思主义经典作家经过研究发现，图腾和图腾崇拜是一个极为普遍的现象，世界各个古老民族都曾经历过图腾崇拜时期。马克思说：“‘图腾’一词表示氏族的标志或符号；例如，狼是狼氏族的图腾②。”我国原始社会更是广泛存在着图腾和图腾崇拜现象。

（一）图腾的内涵及图腾（崇拜）的产生

图腾一词的内涵到底如何界定？图腾象征着什么？就此，不管是我国学术界，还是国外学术界，目前都还没有

① ［美］摩尔根：《古代社会》，商务印书馆，1981 年。

② 马克思：《摩尔根〈古代社会〉一书摘要》，第134页，人民出版社，1965年。

取得一致意见。大致说来，国内外对于图腾的内涵的认识大抵有以下几种观点：（1）认为图腾“意指一个氏族的标志或图徽”①。（2）“大抵说来，图腾总是宗族的祖先，同时也是其守护者”②。（3）认为图腾既是氏族的象征和标志，又是氏族的神③。（4）认为图腾是原始人“把某一动物，或鸟，或任何一物件认为是他们的祖先，或者他们自认和这些物件有某种关系”④。（5）认为如果某一群体“相信与某种物象……有神秘的血缘亲属关系”，那么这种物象便是他们的图腾⑤。（6）认为图腾“是一种动物，或植物或无生物”，图腾被“作为自己的祖先”而祭祀和崇拜⑥。（7）认为图腾就是人们相信某种动物或植物是“集团之祖先，或与之有血缘关系”⑦。（8）认为“图腾的科学概念是社会中某亲族集团与某种动物、植物之间有特定的

---

① ［美］摩尔根：《古代社会》，上册，第 162 页，商务印书馆，1981 年。

② 弗洛伊德著，杨庸一译：《图腾与禁忌》，第 14—15 页，台湾志文出版社。

③ E. 杜尔干著，尹大贻译：《宗教生活的基本形式》，《宗教研究译文集》，第 16—17 页，上海社会科学院宗教研究所编，1986 年。

④ 戈登卫泽著，严三译：《图腾主义》，《史地丛刊》，1933 年第 1 期。

⑤ C.A. 托卡列夫：《宗教的早期形式及其发展》，第 45 页，莫斯科，1964 年。

⑥ 杨堃：《原始社会发展史》，第 140 页，北京师范大学出版社，1986 年。

⑦ 岑家梧：《图腾艺术史》，第 1 页，商务印书馆，1937 年。

信仰和象征关系，这种现象叫作图腾”[①]。（9）认为“人们把某种动植物或其他物体当作自己氏族的标志或象征”，“这种物体同自己有某种血缘联系，那么，这种物体就叫作图腾”，“一个群体或个人同某种动植物具有神秘关系的信仰”便是图腾信仰或崇拜[②]。（10）认为“所谓‘图腾’，就是原始社团中共同信奉的部落保护神。这种神往往是某种动物或者植物。较为发展的部落也可能会以某种灵物，或动物，或神灵，添加进人的意志和想象而造成人神合一的图腾形象”[③]。（11）认为“图腾信仰是相信人于某种动物、植物或无生物之间有一种特殊的亲密联系，认为每个氏族都起源于某种动物、植物或无生物”，“这种动物、植物或无生物就是他们的图腾”[④]。

学术界之所以对图腾的含义难以认同，是因为图腾作为原始社会的一种现象在不同的地区有不同的表现，且随着时代的推进而不断发生改变。我们认为，图腾作为一种原始文化现象应具有以下几个特征：

---

① 乌丙安：《中国民间信仰》，第141—142页，上海人民出版社，1995年。

② 王小盾：《原始信仰和中国古神》，第57页，上海古籍出版社，1989年。

③ 马晓宏：《天・神・人》，国际文化出版公司，1988年。

④ 宋兆麟、黎家芳、杜耀西：《中国原始社会史》，第469页，文物出版社，1983年。

（1）认为图腾是某个人群的血缘亲属如伴侣、亲人等，还可以是祖先或氏族保护神，并对它怀抱特殊的感情。

（2）用特殊的名称和徽号代表图腾，以之作为识别氏族、胞族、部落甚或家庭的标志。

（3）用象征的方式表示与图腾同化，如在图腾集团中的家常用具上绘画或雕刻图腾动植物的图像，举行图腾仪式的场所及参加仪式成员的身体装饰也以此类为主要内容。

（4）举行特殊的仪式，表示对图腾信仰的肯定，如模仿图腾的动作而举行的舞蹈、聚会等。

（5）保持一系列的图腾禁忌，如图腾集团的成员，只可与相异的图腾集团结婚，即所谓图腾外婚制；又如禁止宰杀、伤害或触摸图腾动植物。

（6）往往有种种有关本氏族或部落图腾的肇始神化，说明该图腾集团的起源。

作为氏族标志的图腾是如何产生的呢？一般认为，原始人随着思维的发展，逐渐对人类和自己的来源产生疑问和强烈的好奇心，在探寻本氏族源流时，与某种动物或植物发生各种各样的机缘巧合，认为本氏族“一切成员都起

源于某种动物或植物或其他物体（按：指自然物，如日、月之类）或现象（按：指自然现象，如虹、霓、云、风等）”①，并把它们当作自己的图腾祖先而加以崇拜，由此便产生了图腾和图腾崇拜。

也有人认为，“图腾崇拜产生于人们对于某种动物行为，或植物作用的神秘感和依赖感，处于万物有灵的观念，这种物就被奉为灵物。祖先死后，灵魂不死，先人的‘灵’和物的‘灵’附和在一起，物就成为先祖意志的代表，而成为部落或氏族的保护神，同时也会流传出部落形成或氏族起源于图腾关系的神话”②。

“图腾崇拜实际上是自然崇拜或动植物崇拜与鬼神崇拜（或祖先崇拜）互相结合起来的一种宗教形式”③，但是这种形式有它的特殊意义：图腾崇拜，就其崇拜的直接对象来说，是自然物或动植物；而就其崇拜的观念来说，却具有鬼魂崇拜或祖先崇拜的内容，这表现出图腾崇拜同自然崇拜和祖先崇拜的紧密联系。图腾崇拜反映出原始人具有如下三个基本观念：一是人与图腾动植物的浑然一

① 杨堃：《原始社会发展史》，第 141 页，北京师范大学出版社，1986 年。
② 马晓宏：《天 · 神 · 人》，国际文化出版公司，1988 年。
③ 朱天顺：《原始宗教》，第 56—57 页，上海人民出版社，1964 年。

体，认为图腾与人有亲缘关系；二是今人与祖先浑然一体，把氏族成员视为祖先的转化；三是个人与氏族浑然一体，图腾崇拜的对象是该类的全体，为整个氏族所共有，一代一代继承下来，就这一点来说，其崇拜的对象有综合的性质。另一方面，图腾崇拜的对象与本部族或氏族又有特殊关系，从这方面说，图腾崇拜又带有个别的性质①。

被当作图腾崇拜的对象很广泛，以动植物为多，而又以动物居多。许多原始民族深信，本氏族人都来源于某一特定的物类，大多数为动物，其次为植物，少数也有山石等其他自然物。这种物类被认为是该氏族的图腾，成为氏族的象征和保护者。各个部族都有自己的图腾体系，这在世界范围内是一致的。

对于图腾崇拜产生的时间，也有不同意见。有的认为图腾产生于原始氏族公社的“族外婚”阶段，或认为“图腾崇拜是原始社会渔猎时期的后期发生的宗教形式”②，龚维英认为，图腾崇拜“最迟也是产生于‘血缘家族公社’

① 朱天顺：《原始宗教》，第 57—58 页，上海人民出版社，1964 年。

② 王小盾：《原始信仰和中国古神》，第59页，上海古籍出版社，1989年。

时代的晚期，即所谓‘晚期直立人’时”①。

我们认为，图腾崇拜产生于原始社会“血缘群婚”阶段，在母系氏族社会阶段达到极盛，进入父系氏族社会阶段后渐趋衰落。这是因为，图腾崇拜发生在人类对自己来源的认识不是很明确以及对与自己相处的生存伙伴的认识处于混沌的阶段，当人类能够较主动地支配自然力，独立意识逐渐清晰，并能够用比较明确的概念表达他们对于动植物的感情态度时，它们就会在日常生活中否认自己同动植物的兄弟姐妹等亲属关系。另一方面，图腾崇拜是关于母系氏族的社会关系的崇拜，它同排斥男性作用的生殖观念有关，一旦生殖之谜被揭开，男子不仅在自然物的生产上而且在人类自身的生产上也显示了自己的重大作用时，人类也逐渐会在日常生活中否认动植物作为自己祖先的地位。也就是说，“图腾崇拜的萎缩同自然崇拜、生殖崇拜的发展有一种对应关系”②。当生殖崇拜由女阴崇拜转向男根崇拜的时候，图腾崇拜就会发生质的变化而渐趋衰落。

图腾崇拜和自然崇拜有着相似的地方，如它们崇拜的对

---

① 龚维英:《原始崇拜纲要——中华图腾文化与生殖文化》，第3页，中国民间文艺出版社，1989年。

② 王小盾:《原始信仰和中国古神》，第60—61页，上海古籍出版社，1989年。

象都包括某些自然物，它们都是原始宗教的表现形式，都没有形成超自然的观念，没有产生独立于自然之外的人类自我意识，而是把人和自然物相互混同。因此，图腾崇拜同自然崇拜在一定条件下可以互相转化，而且我国先民曾将某些动植物既当作自然崇拜的对象又当作图腾崇拜的对象。

但是两者仍有着重大的区别。（1）图腾崇拜的对象一般不是自然物的个体，而是较高层次上的某一物类；（2）作为图腾的自然物对崇拜者来说不是一种异己的力量，而是关系较亲密的“亲族”；（3）图腾崇拜一般在“血缘群体”中通行，往往同这一群体的历史有关，并代代相传。

总的来说，图腾崇拜比自然崇拜要高一个层次，在以下几个方面表现出对于自然崇拜的进步：

首先，图腾崇拜能提出氏族起源的问题，它已经有了朦胧的生殖观念；其次，它能解答氏族起源的问题，形成了最初的氏族祖先观念；再次，它在解答氏族起源的问题时，使用了动植物分类的观念，即把作为图腾的某类动植物同其他自然物加以区别①。

图腾崇拜同祖先崇拜也有极为相似的地方，如它们崇

① 王小盾：《原始信仰和中国古神》，第59—60页，上海古籍出版社，1989年。

拜的对象都是对氏族关系极为相近的事物，特别是图腾崇拜含有生殖崇拜的某些内容，而生殖崇拜正是祖先崇拜从产生到发展的一个不可逾越的阶段。有些部落或氏族的图腾是这样产生的，即当某个祖先死后，其灵魂却被认为仍然存在，并和物的灵魂附和在一起，于是物便被看成是先祖意志的代表，上升为部落或氏族的保护神，同时流传出部落形成或氏族起源于有关图腾的神话。从这个角度来说，图腾崇拜来源于万物有灵的信仰，是最早的祖先神。

但祖先崇拜是人类对于生殖活动以及人类自身有了新的认识的反映，它不再把动植物当作社会活动的主角，而是把人本身当作社会活动的主角，认为人的重要性远远大于动植物的重要性，逐渐否定了图腾对象的神秘性，已自觉或不自觉地背离了对图腾物的信仰和肯定；也就是说，祖先崇拜的兴起同时也就是图腾崇拜开始趋向衰落的起点。祖先崇拜还代表了人类对于血缘关系的新的认识，“人们对血缘关系的直接性、即生理继承的重视已转变成对亲缘关系的持续性，即文化继承的重视。它标志着自然神时代、兽神时代的衰落和人神时代的诞生”①。图腾崇拜

① 王小盾:《原始信仰和中国古神》，第114页，上海古籍出版社，1989年。

同祖先崇拜的区别是显而易见的。

（二）图腾崇拜的主要内容

我国古代先民的图腾崇拜对象十分广泛，内容异常丰富，有动物图腾崇拜，如对鸟、蛇、狗、虎、龙、熊、凤、羊、蜂、鼠、猴、能（三足鳖）、罴、貔、貅、鱼等的崇拜，还有其他如植物图腾崇拜等。关于龙、凤崇拜，将在下文中重点论及。

鸟图腾崇拜，在我国有着十分悠久的历史，早在新石器时代，东方沿海、黄河和淮河下游、长江中下游特别是东南滨海一带都曾流行过鸟图腾崇拜。对此，石兴邦曾说："东方沿海地区是古代鸟类崇拜的窠臼。"①作为图腾崇拜习俗的反映，我国古代上述地区新石器时代和青铜时代的文化遗址里都曾留下了大量的先

齐家文化红陶三足鸟形器

① 田昌五、石兴邦主编：《我国东方沿海和东南地区古代文化中鸟类图像与鸟祖崇拜的有关问题》，《中国原始文化论集》，第234页，文物出版社，1989年。

民关于鸟崇拜的遗物和遗迹。从原始社会晚期一直到阶级社会的初级阶段，鸟图腾崇拜构成了中国古代沿海地区历史文化生活和精神生活的重要内容。

鸟崇拜习俗不仅深深地烙印在人们的精神生活中，而且它还贯穿在先民物质生活的各个方面。如从山东大汶口文化出土的陶器纹饰来看，其图案花纹大多与鸟类纹饰相关联，两者有着比较明显的承传演变关系。大汶口文化模仿鸟类形体而塑造加工的鸟形陶制器皿遗物也相当丰富。河姆渡文化象牙雕刻中也常有鸟形图案。《河姆渡遗址第一期发掘报告》发表了早期1式陶盆外腹刻画的两组纹样，有关学者认为它们分别是鱼藻纹和凤鸟纹。据石兴邦研究，它们“可能是两组双鸟护禾和守祭纹，……可能为图腾祭祀或收获节的庆典”①。

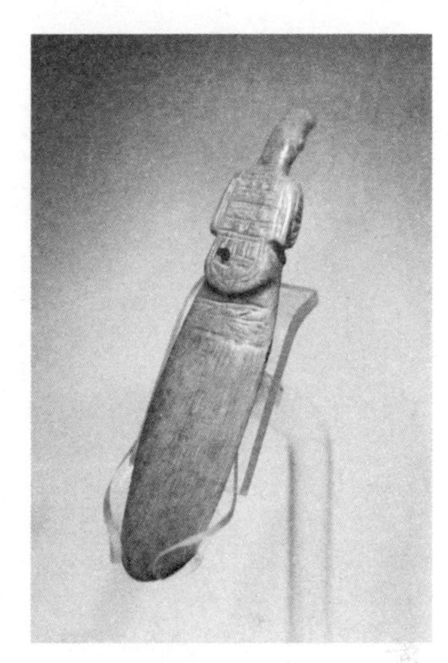

河姆渡文化
牙雕凤鸟匕形器

① 田昌五、石兴邦主编:《我国东方沿海和东南地区古代文化中鸟类图像与鸟祖崇拜的有关问题》,《中国原始文化论集》，第238页，文物出版社，1989年。

学界比较一致地认为河姆渡人以鸟为图腾崇拜，河姆渡遗址出土的鸟饰物多达九件即是有力的证明。它们是：一件双凤朝阳象牙雕刻，三件鸟形象牙圆雕，二件鸟纹骨匕，一件浮雕双飞燕器盖，二件鸟状木蝶形器①。有的学者还进一步论证了河姆渡鸟图腾崇拜的原形是鸡，其论据主要有二：一是从形态上看河姆渡鸟纹身翼短小，喙钩形锐利，状如雄鸡；二是鸡与太阳纹密切组合在一起，日出而鸣，与先民日出而作、日落而息的生活息息相关②。

在江苏吴县草鞋山的良渚文化晚期墓葬出土的玉琮，上面镂刻有兽面纹，陶器盖上有勾连的似蛇似龙的图案，贯耳壶上还有鱼、鸟形象。古代夜郎又称鸟越，《史记·越世家》：越人“文身断发，以避蛟龙之害也”，裴骃《集解》引应劭曰：“常在水中，故断其发。文其身，以象龙子，故不见伤害也。”有的学者据此认为古夜郎以鸟为其图腾崇拜③。又如，东夷族文化遗物中出现了大量的鬶、盉等陶器，这些陶器与鸟作器都很相像，细高的觚形三足

① 俞为洁：《鸟图腾的起源及崇拜对象》，《民俗研究》，1990年第2期。

② 王大有：《龙凤文化源流》，北京工艺美术出版社，1988年。

③ 宋兆麟、黎家芳、杜耀西：《中国原始社会史》，第469页，文物出版社，1983年。

器和高柄杯更是明显模仿鸟足而制，此外还出现了鸟头形器盖、鸟头形鼎足和鸟喙形突饰等。

1985 年考古者发掘了内蒙古汉旗兴隆洼村附近的小山遗址，出土了一件十分精美的陶尊形器，上面刻有鹿、猪和鸟三种动物的侧面视图，属半坡文化中的赵宝沟文化，其中的鹿“应是赵宝沟文化先民的图腾”；红山文化中出土了大量制作动物形象的玉器，数量最多的是玉猪龙和玉鸟，猪在红山文化先民的观念中占有重要地位，猪“可作为红山文化先民的主要图腾来理解”；上宅文化发现过一些被认为与祭祀有关的支脚状陶器，这些陶器顶部常做成鸟形，有喙与双眼，顶面和支脚外表饰刻画羽状纹，而所供奉的鸟形“就是新乐文化先民的一个图腾”。这件陶尊形器反映了新乐、赵宝沟、红山三大文化区先民的接触和交流①。

可见，大汶口、河姆渡、良渚、半坡等文化遗址里出土的陶器、骨器、牙器等都大量地保存着鸟形纹饰，其鸟形图像不仅十分丰富，而且还形象逼真，构思之奇特、寓意之深奥、手法之抽象、造型之生动表明了其高超的艺术价值。

---

① 朱延平:《小山尊形器“鸟兽图”试析》,《考古》, 1990 年第 4 期。

关于鱼图腾，半坡型仰韶文化的彩陶图饰多为鱼纹，有单体鱼、双体鱼、两头鱼、三体鱼和人面鱼纹等十数种。其中，人面鱼纹尤为特殊。它绘制在陶盆的内壁和外壁上，其人面口衔两鱼，耳环两鱼，旁边另设鱼网或另绘单体游鱼，表现了人鱼互化、合体的亲缘关系。西安半坡和临潼姜寨出土的彩陶盆上有一种人面鱼纹，有关专家认为人面纹与图腾有密切关系。“这些氏族以鱼为图腾，人面与鱼纹结合正是人与鱼共生了这些氏族。有些人面鱼纹附近还有网纹，可能是人们乞求图腾保佑捕鱼丰收[①]。”此外，1980 年在河南偃师二里头遗址发现契刻鱼形骨片一件，骨长 9.8 厘米，宽 3.1 厘米，其上仅刻一鱼，别无文饰[②]。“在原始氏族社会生活里面，图腾崇拜往往是精神生活和原始信仰寄托的象征。因此在人们的艺术活动里，往往与图腾崇拜相关联。图腾徽号往往被刻在某些器物上。我们推想，半坡彩陶上的鱼纹，可能就是半坡图腾崇拜的徽号[③]。”有的学者认为，鱼在中国神话史上既是图腾的标

① 宋兆麟、黎家芳、杜耀西：《中国原始社会史》，第469页，文物出版社，1983 年。

② 《考古》，1983 年第 3 期，第 201 页。

③ 中国科学院考古研究所、陕西省西安半坡博物馆：《西安半坡》，第217—218 页，文物出版社，1963 年。

仰韶文化鱼纹彩陶盆

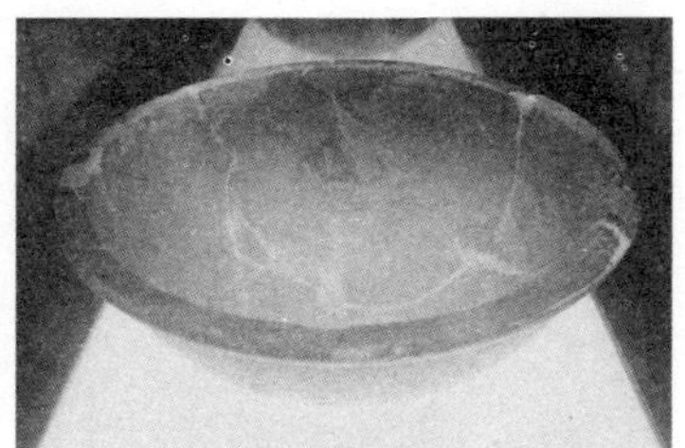

姜寨人面鱼纹盆

志，又是星辰的象征，同时又是灵魂观念的集中表现①。赫哲族是一个以捕鱼为主的民族，常年和鱼打交道，产生了鱼崇拜习俗。在赫哲族的鱼皮衣裤和日用器皿上，绣有或雕有与鱼有关的鱼鳞纹、鱼尾纹、波浪纹，他们称鱼为“伊玛哈”，至今还流传着鱼神的传说《伊玛哈的后代》。此外，赫哲族还崇拜龙、鹰、虎、熊、太阳、月亮、星宿、石头等②。

壁虎和蜥蜴是中外许多原始民族所共同崇拜的图腾。壁虎浮雕纹见于河南陕县庙地沟出土的陶器残片上。其中的一个形象较为完整，四条腿及其爪部的纹理都很清晰，尾巴呈弯曲状，肩部稍有缺损，整体富有生命力。另一个头部缺损，脊椎骨突出可见，两后腿弯曲成爬行状，尾巴

---

① 陶思炎:《鱼考》,《民间文学论坛》, 1985 年第 6 期。

② 黄任远:《赫哲族的原始信仰》,《民俗研究》, 1989 年第 2 期。

长而完整。甘肃武山西坪出土的庙地沟型的彩陶瓶上有蜥蜴纹，首尾弯曲相接成三角形，头作椭圆形，眼、口、爪清晰，身上有花纹①。

河姆渡文化猪纹黑陶钵

关于猪图腾，河姆渡遗址出土了一件夹碳黑陶体，整体呈长方形，四角呈圆弧形，平底，高 11.6 厘米，长 21.2 厘米，宽 17.2 厘米。在其两长臂表面以写实手法各刻画着一猪纹。猪头低垂，似为觅食而行进，两眼圆睁，鬃毛直竖，尾短下收，形态逼真。特别是突出了猪的长长的嘴部和圆圆的眼睛，不仅把握了猪的形象特征和精神状态，而且下笔圆润流畅，传神达意。其腹部绘有一同心圆，疑为太阳纹，或与太阳崇拜有关，或可认为该猪纹钵所属部落就是一个以猪为图腾的民族②。

我国古代还盛行着马图腾崇拜。所谓“春祭马祖，执驹；夏祭先牧，颁马政牧；秋祭马社，藏仆；冬祭马步，

① 刘锡诚:《中国原始艺术史》，第141—142页，上海文艺出版社，1989年。
② 刘锡诚:《中国原始艺术史》，第 135 页，上海文艺出版社，1989 年。

献马”①。尚民蒸先生作有《中国古代的崇马之风》一文，对此有专门考述②。

传说时期我国远古三族团（据蒙文通、傅斯年和徐炳昶等先生的观点，我国远古氏族可划分为东夷—海岱、风偃，华夏—河渭、炎黄，苗蛮—江汉、南苗三大集团③）都有自己的原始图腾崇拜。

关于东夷集团，“夷人中最早的氏族部落是传说中的太皞。……太皞同太昊，昊，天也，表示太阳经天而行的意思。……夷人奉太皞为祖宗，只是说他们自认为是太阳的子孙，或者从太阳升起的地方产生出来的。在遥远的古代，人们从神话中得出自己的氏族和部落，是普遍的现象”④。则可见，东夷人是以太阳为其众多图腾中的一种而加以崇拜的。此外，东夷人还崇拜鸟图腾，东夷地区的大汶口—龙山文化中，曾发现许多造型如鸟的陶鬶和鸟头陶鼎⑤。太昊氏的图腾还有风和虎。由《左传·昭公十七年》：“我高

---

① 《周礼·春官·校人》。

② 尚民蒸:《中国古代的崇马之风》,《文博》, 1995 年第 1 期。

③ 徐炳昶:《中国古史的传说时代》第二章《我国古代民族三集团考》(增订本), 第 74—86 页, 科学出版社, 1960 年。

④ 田昌五:《古代社会形态研究》, 第 120 页, 天津人民出版社。

⑤ 吕继祥:《鸟与日的有机结合——东夷人图腾崇拜再探讨》,《民俗研究》, 1989 年第 4 期。

祖少皞挚之立也，凤鸟适至，故纪于鸟，为鸟师而鸟名：凤鸟氏，……玄鸟氏，……伯赵氏，……青鸟氏，……丹鸟氏，……祝鸠氏，……”的记载，可知少昊氏以众多禽鸟为图腾。东夷族集团的蚩尤氏、有虞氏、殷商氏的图腾有太阳、赤蛇、鸟、驺虞、犀、凤等。如关于商族的图腾，《诗经·商颂·玄鸟》云：“天命玄鸟，降而生商，宅殷土芒芒。”可见，商族在跨入文明社会之前，是以“玄鸟”为其图腾的。关于玄鸟为何物，有几种说法：一曰燕，二曰凤，三曰祖。袁珂在《山海经校注》中认为“商族以鸟为图腾，玄鸟即燕，或释为凤”，“玄鸟，即燕子之化身，玄鸟再经神话化，又为凤凰”。郭沫若《青铜时代·商周天道观之进展》认为，玄鸟之玄是神玄之意，而不是指黑色，“无论是凤或燕子，我相信这传说是生殖器的象征，鸟现在都是生殖器的别名，卵是睾丸的别名”。我们认为，燕、凤都有可能，而祖的可能性则不大。其实，我国古代东方以鸟为图腾的并非仅商一族，如奄氏族以鹌鸟为图腾，谭氏族以谭鸟为图腾，蒲姑氏族以布谷鸟为图腾，黄氏族以黄鸟为图腾，江氏族以鸿鸟为图腾等等①。

---

① 马世之：《商族图腾崇拜及其名称的由来》，《殷都学刊》，1986年第1期。

黄帝集团有少典氏、有蛴氏、炎帝族、黄帝族、颛顼氏、陶唐氏、夏后氏、周族等，他们的图腾有黄土、雷电、虎、火、天鼋、羊、牛、太阳、蚕、猪、赤龙、黄云、龟、月、薏苡等。如关于黄帝，《纲鉴》云“国于有熊，故号有熊氏”，则黄帝是一个以熊为图腾崇拜的氏族首领；而关于黄帝训练熊、罴、貔、貅、虎等野兽，与蚩尤交战于涿鹿之野的传说，则是把历史上熊图腾氏族联合罴、虎等几个氏族和蚩尤为首的部族进行部落战争加以神话化和夸张了。如关于炎帝，《左传·昭公二十九年》贾逵注云：“烈山氏，炎帝之号也。”《论衡·诘术》云“在天为日，在地为火”，“火，日气也。”《风俗通义·皇霸》云：“遂人以火纪，火，太阳也。”《白虎通义·五行》云：“炎帝者，太阳也。”可见，在烈山氏作为部族领袖的时代，炎帝族曾以太阳作为图腾。蚕还是蜀族的图腾，“蜀之所以称蜀，是因为有以‘蚕’为图腾之氏族”①。又如，关于周人的凤凰崇拜，有的学者认为周人崇拜凤凰达到了极其狂热的程度②。

---

① 李远图：《试论山海经中的鬼族——兼及蜀族的起源》，《山海经新探》，1986 年 1 月。

② 刘亮：《凤雏村名探源——从甲骨文看周人对凤的崇拜》，《文博》，1986 年第 1 期。

中国龙图腾

苗蛮集团主要有盘古氏、三苗氏、女娲氏、伏羲氏、百越族等，他们的图腾有梓、狗、顶虫、太阳、龙、葫芦、雷、龙蛇、鸟、马等①。有的学者认为，以伏羲女娲为代表的“人面蛇身”和以少皞帝俊为代表的“人面鸟身”两个中国神话系统，是龙和凤这两种图腾信仰的产物②。

《山海经》中大量记载了有关我国古代先民的各种图腾崇拜。《神异经·西荒经》云：“西方荒中……有人面目手足皆人形，而胳下有翼，不能飞。为人饕餮，淫逸无理，名曰苗民。”《海外南经》高诱注云：“三苗盖谓帝鸿氏之裔子浑敦，少昊氏之裔子穷奇，缙云氏之裔子饕餮三

① 龚维英:《原始崇拜纲要——中华图腾文化与生殖文化》，中国民间文艺出版社，1989年。

② 刘锡诚:《中国原始艺术史》，上海文艺出版社，1989年。

族之苗裔。”由此可见，“饕餮”当是三苗中部分部落的图腾崇拜物。有的学者认为，商代青铜器的装饰，以饕餮组合造型为中心，以动物纹为主体装饰，正是在这时代背景下，原始图腾崇拜意识融入商人尚鬼及祖先崇拜观念而形成的①。《西山经》云：“西南四百里，曰昆仑之丘，是实惟帝之下都，神陆吾司之。其神状虎身而九尾，人面而虎爪；是神也，司天之九部及帝之囿时。”《大荒西经》云：“昆仑之丘，有神——人面虎身，有文有尾，皆白。”这些当是对虎的图腾崇拜。《山海经·海内经》云：“南方……有身焉，人首蛇身。”《山海经·大荒南经》云：“南海渚中，有神，人面，珥两青蛇，践两赤蛇。”此当是对蛇的图腾。

商代饕餮纹建筑饰件

在我国古籍中有许多与图腾崇拜有密切联系的感生神

① 张春长:《浅谈商周青铜器风格与思想意识演变》,《三代文明研究》(一),科学出版社,1999年。

话，即通过女性始祖与某种图腾的偶然接触而怀孕，从而生育了人类。图腾崇拜对神话创作的影响起着重要作用，一般是先有图腾祖先的崇拜，然后才有关于图腾祖先的神话被创造出来。此类记载有：女登与神龙接触而生炎帝，附宝见大电绕北斗而生黄帝，庆都遇赤龙而生尧，握登见大虹而生舜，女嬉吞薏而生禹，扶都见白气贯月而生汤，姜源履神人之迹而生后稷（《帝王世纪》）；华胥踏巨人迹而生伏羲，女节接大星而生少昊，简狄吞玄鸟卵而生契（《史记·殷本纪》《竹书纪年》）；女修吞玄鸟卵而生大业（《史记·秦本纪》）；匈奴女与狼交媾而生单于（《后魏书·匈奴传》）；哀牢夷沙壶触沉木而生龙子（《后汉书·哀牢夷传》）①。这些感生神话和图腾信仰，说明在某个历史时期，“其氏族的成员声称他们是由那用作氏族名称的动物传下来的，认为他们的远祖是被主宰之神将其从动物变为人的”②。

有些汉字源于甲骨文中的图腾崇拜符号，如“美”字，陈炜湛先生于《古文字趣谈》中认为，美字的下半部分是正立的人形，也就是“大”，上半部分像羊，是人头

① 宋兆麟：《原始社会的“石祖”崇拜》，《世界宗教研究》，1983年第1期。
② 马克思：《摩尔根〈古代社会〉一书摘要》，第87页，人民出版社，1965年。

顶上戴的四只羊角的装饰品。原始人为何要戴如此笨重的装饰品呢？朱狄先生明确地指出：“答案只能有一个：这是一种图腾标志。图腾形象的‘美’字之所以要以人为基础，因为作为部族的祖先，神话中的英雄，图腾崇拜常是一个会巫术的人，一个长者，一种力量，一种智慧和一种神秘知识的拥有者”①。

图腾崇拜的痕迹，不但保留在神话传说中，还保留在后代的灵物崇拜中。《礼记·礼运》云：“何谓四灵？麟、凤、龟、龙，谓之四灵。故龙以为畜，故鱼鲔不淰。凤以为畜，故鸟不獝。麟以为畜，故兽不狘。龟以为畜，故人情不失。”有关学者认为，这几种动物很可能是上古时代几个主要部族的图腾，随着部族的统一，图腾信仰也转变了职能，成了鸟兽鱼虫之蓄养的保护神②。中华民族至今还以这四种灵物为吉祥的象征，可以说正是原始的图腾崇拜的残余。后来以五取象的天体系统形成后，“四灵”中又加入了“虎”，以麟为中央，即青龙、白虎、朱雀、玄武。四方神的观念还为后来的佛教和道教所吸收。

对于有的氏族和部落而言，他们的图腾并非只有一个，

---

① 朱狄：《原始文化研究》，第100页，三联书店，1988年版。

② 马晓宏：《天·神·人》，国际文化出版公司，1988年。

而是有几个甚至很多个，也就是有的学者所谓的“原生态图腾”“准原生态图腾”“次生态图腾”及“个人图腾”，而且各种形态的图腾之间有时会出现交叉的现象①。根据龚维英先生的说法，所谓“原生态图腾”是指各个氏族的最古老的唯一的图腾，如炎帝族以火为原生态图腾，有巢氏以禽鸟为原生态图腾。所谓“准原生态图腾”，是指每个氏族的母系图腾和父系图腾，如共工氏的原生态图腾是水，准原生态母系图腾是羊，准原生态父系图腾是九头蛇。所谓“次生态图腾”，是由原生态和准原生态的图腾崇拜派生出来的更小范围的图腾，如楚人的次生态图腾是桃。《列子·黄帝》中记载的“黄帝与蚩尤战于阪泉之野，帅熊、罴、狼、豹、虎为前驱……”，当是指以熊、罴、狼、豹、虎为图腾的几个兽图腾氏族；而所谓“个人图腾”，“认为个人是某一自然物转世，此物即被看作是个人图腾”②。如夏族鲧的个人图腾有鱼（《说文·鱼部》）、黄能（非“熊”，当是“能”，即三足鳖。《国语·晋语八》）、黄龙（《山海经·海内经》郭璞注引《开

① 龚维英:《原始崇拜纲要——中华图腾文化与生殖文化》，中国民间文艺出版社，1989 年。

② 《澳洲与大洋洲民族》，第211—212页，前苏联科学院民族研究所，莫斯科，1956 年俄文版。

箧》)、白马(《山海经・海内经》)等。

各种图腾有时还会产生相互继承和融合的现象。《山海经・大荒东经》云:“一日方至,一日方出,皆载于乌。”屈原《楚辞・天问》云:“羿焉弹日?乌焉解羽?”王逸注云:“羿仰射十日,中其九日,日中九乌皆死,堕其羽翼。”郭璞云:“中有三足乌。”这种日载于乌、日中有乌、日中有三足乌的神话,是太阳图腾和东夷族玄鸟图腾结合的产物,反映了炎帝和东夷部族的融合。有的学者认为,少皋氏、皋陶、伯益三个鸟夷部族都以燕而演变为凤图腾,随着部族的繁衍而滋长了很多以鸟为图腾的部族和国家,又经过长期和戎夏族的交往,又重新回到戎夏一东夷集团内,融合成为华夏族①。闻一多于《伏羲考》中指出:“图腾的合并,是图腾式的社会发展必循的途径”,这一过程中当出现“因部落的兼并而产生的混合的图腾”,“由许多不同的图腾糅合成的一种综合体”。在同东夷族融合的过程中,炎帝族传统崇拜的鱼的形象在鸟图腾影响下发生了重大的变化。《山海经・山经》关于炎帝族活动的地区的章节中出现许多“鱼身而鸟翼”的怪鱼,另有鳗

① 何光岳:《少皋、皋陶、伯益的名称与地望》,《中南民族学院学报》,1984年第4期。

鱼“鸡足”，豪鱼“赤喙尾赤羽”等等。其“见则其邑大旱”“可以御火”的特点，说明其本原出于崇拜太阳神的炎帝族，由鱼而生翼、有足、有羽，表现出在鸟图腾影响下成为“一种综合体”的趋势，后来终于飞腾升天，演化出一种虚拟的神话动物——龙①。

如关于星图腾。《竹书纪年》曰：“颛顼母曰女枢，见瑶（摇）光之星，贯月如虹，感己于幽房之宫，生颛顼于若水，首戴干戈。”按摇光之星为北斗七星，说明颛顼部族星象图腾渊源于黄帝北斗星图腾，周人月图腾又是颛顼摇光之星图腾的演变和升华，足证三族图腾有继承关系并显示出三族对太空的认识处于不同阶段②。

有的认为我国图腾崇拜的图腾标记有一个从单一走向综合的过程，最早的图腾形象往往是蛇、熊、虎等单一物，以后出现了半人半兽的情况，如人首蛇身、人首牛身等。最后图腾形象神圣化成为一种综合性的幻想物，如龙兼有蛇、兽、鱼等多种动物的形态，凤兼有鹰、孔雀、金翅鸟等多种鸟类的特征。“这是由于随着原始社会的发展，

---

① 王子今：《文明初期的部族融合与龙凤崇拜的形成》，《文博》，1986年第1期。

② 丘菊贤、杨东晨：《周族图腾崇拜溯源——兼议“龙产生的背景及其演变”》，《河南大学学报》，1989年第1期。

部落之间、部落联盟之间不断发生战争和交往而融合、消失，作为其标志的图腾便也随之融合或消亡①。”

我国考古发掘中发现有大量有关图腾崇拜的文化遗存。如四川广汉三星堆遗址二号祭祀坑出土的三尊被称为“纵目”的青铜面像（编号为k2②：148，k2②：111，k2②：142），其最显著的特征是：人面、目纵。据范小平先生推测，其身躯很可能是龙或蛇之身，“人面、目纵、龙（蛇）身，正是钟山之神烛龙的图腾形象，它是蜀族部落的图腾标记”②。关于商周青铜器中的“人兽母题”纹饰，也有的学者认为虎食人卣有可能是“吞食象征自我与具有

三星堆文化纵目人面像

红陶衣太阳纹壶

① 张岱年主编：《中国文史百科》，浙江人民出版社，1998年。

② 范小平：《甲骨文中的图腾符号和残留于青铜器的图腾艺术对应现象研究》，《三代文明研究》（一），科学出版社1999年8月版。

种性的动物的合一”[①]。更有学者认为这其实是一种属原始宗教法术范畴的“致厄术”在青铜器上的反映[②]。如关于太阳图腾，“一些遗址出土的彩陶中出现太阳图案的文饰正反映了这种图腾信仰，而日常器用中通行红陶和装饰中注重红色也极可能与太阳崇拜有关[③]。”

关于东夷方国的虎图腾，河南安阳殷墟妇好墓出土的“妇好钺”（M5：779），纹饰为一人头居于两相对立的虎口之间，虎作扑咬状[④]。河南安阳殷墟侯家庄出土有司母戊大方鼎，鼎耳饰二虎扑噬一人头纹[⑤]。安徽阜南出土有商代龙虎尊，肩部饰一首二身之虎，虎口下有一抽象化的人像[⑥]。甘肃灵台白草坡 M2 出土有一勾戟、一钺，勾戟上有一人头，钺上有一作扑咬状的虎，考古者认为其年代当为早周[⑦]。

1980 年于福州地区发掘的“小口细长颈鼓腹陶壶”

---

① 李学勤：《试论虎食人卣》，《南方民族考古》第一辑，1987 年。

② 徐良高：《商周青铜器“人兽母题”纹饰考释》，《考古》，1991 年第 5 期。

③ 王子今：《文明初期的部族融合与龙凤崇拜的形成》，《文博》，1986 年第 1 期。

④ 中国社科院考古所安阳队：《殷墟妇好墓》，文物出版社，1985 年。

⑤ 陈梦家：《殷代铜器》，《考古学报》，1954 年第 7 期。

⑥ 葛介屏：《安徽阜南发现殷商时代的青铜器》，《文物》，1959 年第 1 期。

⑦ 甘肃省博物馆考古队：《甘肃灵台白灵坡西周墓》，《考古学报》，1977 年第 2 期。

以及仰韶文化大地湾和史家遗址中出土的两件葫芦雕像，“都似妇女，以生动的头部和凸起的大腹，用夸张的手法，渲染了妇女的特征，表现了母系氏族社会时期对于女性的崇拜和对于生命的渴望与绵延后代子孙的向往，它实际上就是这个时期的‘女神’，就是当时人们对于葫芦崇拜的结果而人格化了，也就是现代所谓的‘图腾’”①。

我国少数民族也有着十分丰富的图腾崇拜。如中国台湾的高山族中的派宛人以蛇为图腾，在器物上多雕刻蛇形图案②。云南的傈僳族以虎、羊、蜂、鼠、猴、熊、竹、荞、霜等作为氏族图腾。据虎图腾的傈僳族人说，相传古时有一姑娘上山砍柴，虎化身为年轻美貌的男子，要娶她为妻，姑娘被迫与虎成婚，生下的后代就是他们的祖先。现在，他们中间还流传着从前老虎不伤害虎图腾的傈僳人的故事。云南省有二十个以上的少数民族，几乎从每一个民族中都可以找到有过图腾崇拜的根据③。关于古代越人（白越民族）图腾，学术界先后提出了鱼图腾、蛇图腾和鸟图腾等三种观点。陈盛勇认为鱼图腾和蛇图腾两说均难

① 曾巩：《关于陶匏壶问题》，《考古》，1990 年第 9 期。

② 林惠祥：《文化人类学》，第 288 页，商务印书馆，1960 年。

③ 朱天顺：《原始宗教》，第 59 页，上海人民出版社，1964 年。

成立，古代越人应是以蛙为图腾崇拜；除了崇拜鸟图腾之外，古代越人还信仰“蛙图腾”①。

又如散布于我国南方江苏、浙江、福建、台湾、广东、广西、云南、贵州及今越南北部等地的百越民族各支系，长期保持着崇拜蛇图腾的习俗。南方越人对蛇的崇拜可追溯到新石器时代。在六七千年以前直到原始公社解体的这几千年时间里，南方各地原始人类烧造的陶器上普遍存在着一种“印文”的装饰。在这些印纹图案中，普遍发现一种类似蛇形的花纹，栩栩如生，据相关研究者考证，与古代南方越人新民最早的蛇崇拜有关②。

有关古代少数民族的图腾，史书中也有不少记载。如《后汉书·南蛮传》记高辛氏将女儿配给龙犬盘瓠，繁衍了后代，成为瑶族的始祖，说的是古代瑶族以狗为图腾。《西南夷传》记夜郎侯出自剖竹，后来以竹为姓，说的是以竹为氏族的标志；还有哀牢夷妇人触沉木而怀孕、后沉木化作龙，说明哀牢夷人以龙为图腾。

图腾崇拜作为原始宗教的一种形式，对某些原始艺术

---

① 陈盛勇:《试论古代越人的蛙图腾》,《浙江师大学报》, 1987年第1期。

② 陈文华:《几何印纹陶与古越族的蛇图腾崇拜》,《考古与文物》, 1981年第2期。

的发生有着重要的影响，在原始部族的装饰、图画、雕刻、音乐、舞蹈等方面都有所表现。“在原始社会时期，陶器纹饰不单是装饰艺术，而且也是氏族的共同体在物质文化上的一种表现。……彩陶纹饰是一定的人们共同体的标志，它在绝大多数场合下是作为氏族图腾或其他崇拜的标志而存在的①。”有的学者还进一步指出，“彩陶作为一种造型艺术，总是反映当时的生活和社会存在的。当时的社会基本单位是氏族和部落，若干部落有时又结成亲属部落或军事联盟，从而组成大大小小不同范围的人们的共同体。一定的人们共同体往往有一定的信仰、风俗和艺术风格，当陶工们在制作彩陶时，不免会自觉或不自觉地把这种信仰、风俗和艺术风格体现在自己的作品之中。因此一定的彩陶花纹，特别是某些特殊的传统花纹，反过来又可作为区分考古学文化和隐藏在文化背后的人们共同体的重要标志”②。

新石器时代考古发掘的一些动物石雕和陶雕，连云港、阴山、贺兰山岩画中的一些神秘莫解的人面像，云

① 石兴邦：《有关马家窑文化的一些问题》，《考古》，1962 年第 6 期。

② 严文明：《甘肃彩陶源流》，《仰韶文化研究》，第 313 页，文物出版社，1989 年。

南它克岩画中的菱形动物图像，等等，很可能是图腾崇拜的产物。有的原始绘画也是图腾崇拜的产物，如甘肃秦安大地湾仰韶晚期地画，在阐释上存在分歧，有学者认为长方形线框中的动物形象，就是作画氏族家庭的图腾祖先①。

蛙纹在黄河中上游广大地区的彩陶装饰艺术中较为常见，且形象丰富多样。从其出现到消失，延续了从半坡类型到庙底沟、到马家窑、到半山、到马厂、到齐家文化的漫长的历史跨度。最早的蛙纹见于陕西临潼姜寨半坡期的陶盆里面，但不画在中央而画在一旁，其画法显示出写实性。到庙底沟期，蛙纹一般画在盆的外壁，样子也还接近于写实。马家窑期彩陶上的蛙纹，已经脱离写实风格愈来愈程式化和图案化了。蛙纹一般画在碗或盆的里面，画工有意识地将底部画成圆形，至于正中，加上四肢和头尾，使整个画面显得非常匀称和谐，妙趣横生。为了使臀后不致出现大片白地，又故意加画了一个肥厚的尾巴。至马厂类型彩陶上的蛙纹，就已逐渐走向几何形化了②。

---

① 刘锡诚:《中国原始艺术史》，第26—27页，上海文艺出版社，1989年。

② 刘锡诚:《中国原始艺术史》，上海文艺出版社，1989 年。

马家窑文化——蛙纹彩陶壶

马厂类型——变体蛙纹彩陶壶

考古者还发现黑山岩画的四道鼓心沟岩画、红柳沟岩画、磨子沟岩画有大量表现舞蹈的岩画，考古者认为这是古代美人的作品，“其岩画中大角羊和鹿的形象，以及舞者头饰羽毛状物的图像与黑山同类岩画几乎是相同的。这些头上插羽毛状物的原始舞蹈可能是一种图腾崇拜形式”①。

黑山岩画

又如1981年河南临汝阎村出土的瓮葬陶缸，上面画

① 甘肃省博物馆:《甘肃嘉峪关黑山古代岩画》,《考古》, 1990年第4期。

了一幅被命名为《鹳鱼石斧图》的装饰画。画的左边是一只白鹳，圆睁着双眼，长喙叼着一只鲢鱼；画的右边是一把大斧。“这两种动物应该都是氏族的图腾，白鹳是死者本人所属氏族的图腾，也是所属部落联盟中许多有相同名号的兄弟氏族的图腾，鲢鱼则是敌对联盟中支配氏族的图腾①。”

与反映图腾信仰有关的装饰，从民族志材料看，主要是用涂色、切痕、黥纹等方法在肉体上留下图腾标记，“人们将动物的形态绘到身上”，以表示对某图腾动物的崇拜②。人们用各种方法使图腾标记留于人体上的目的，是使图腾的精灵常附于身上，以受其保护。原始部族的跳舞、歌唱，同图腾崇拜的仪式有着密切的联系。舞蹈和歌唱的内容，很多是模仿图腾对象的动作和声音，例如以鸵鸟为图腾对象者，人们在舞蹈时就模仿鸵鸟的动作，以田蛙为图腾对象者，人们则模仿田蛙的动作和声音。所有这些仪式，都是人们对于图腾精灵亲近、讨好的表示③。

---

① 严文明：《鹳鱼石斧图跋》，《文物》，1981 年第 12 期。

② 弗洛伊德著，杨庸一译：《图腾与禁忌》，中国民间文艺出版社，1986 年。

③ 朱天顺：《原始宗教》，第 59—60 页，上海人民出版社，1964 年。

（三）龙崇拜与中华龙文化

我国古代有“四灵”崇拜。“四灵”有两说：《礼记·礼运》云：“麟、凤、龟、龙，谓之四灵。”《三辅黄图》卷三云：“苍龙、白虎、朱雀、玄武，天之四灵，以正四方。”苍龙、白虎、朱雀、玄武是东、南、西、北四方星宿的名称，分别以龙、虎、凤、龟四种动物作为其象征，实际上是星辰崇拜与图腾崇拜相结合的产物。

四灵中的龙、凤两者的地位超出其他所有的图腾物，

四灵台

并最终发展成为中华民族共同的崇拜对象。母系氏族社会的图腾本来很多，随着社会向父系氏族过渡和氏族扩大为部落和部落联盟，又随着部族的不断融合，诸多图腾也发生了变化，有的消失了，有的变形了，有的合并了，从中逐步演化出龙、凤两大综合性图腾系列，形成越来越大的优势，给予中华民族文化以深刻而广泛的影响，而究其源，则起于图腾崇拜。龙和凤同虎和龟不一样，并不是现实世界实有的动物，它们是在实有动物的基础上，经过人们头脑的重构而形成的想象物，集中了许多动物的特点和优点，通过了有机的综合和艺术的加工，故而其形象优美非凡，神圣无比。龙凤是通过若干地区性图腾的多元汇聚，逐步形成全国性的大致统一的形象，经由夏、商、周三代社会，演化出中世纪的高度艺术化了的形象，这个过程恰好同中华民族文化的多元起源并向中原汇聚，以及中原文化向四周辐射，往返不断的过程相一致，既说明了中华民族文明的长期连续性，又说明了中华民族文明的博大的宽容性和强烈的融合性①。李泽厚说："以'龙''凤'为主要图腾标记的东西两大部族联盟经历了长期的残酷的战

① 牟钟鉴、张践：《中国宗教通史》，第42页，社会科学文献出版社，2000年。

争、掠夺和屠杀，而逐渐融合统一。所谓‘包羲氏，风姓也’，可能即反映着这种斗争和融合。从各种历史文献、地下器物和后人研究成果来看，这种斗争融合大概是以西（炎黄集团）胜东（夷人集团）而告结束。也许‘蛇’被添了翅膀飞了起来，成为‘龙’，‘凤’则大体无所改变，就是这个缘故。也许，由于‘凤’所包含代表的氏族部落大而多的为‘龙’所吃不掉，所以它虽从属于‘龙’，却仍保持自己相对独立的性质和地位，从而它的图腾也就被独立地保存和延续下来①。”

在历史上，龙是中华民族的标志和象征，是民族精神的象征，世世代代把中国各族人民紧紧连接在一起。龙文化是中国传统文化的典型表达，是源流最为久远、延续时间最长的文化现象之一。龙文化对中国社会的影响之广、渗透之深，是世所罕见的，它对中国古代的宗教信仰、哲学、政治、经济、文学、艺术、社会和民俗等都曾发生过巨大的影响。对龙的崇拜应追溯到原始氏族公社的图腾崇拜。

那么，龙是不是中国历史上确实存在过的一种图腾

---

① 李泽厚:《美的历程》，第10—11页，文物出版社，1981年。

呢？对此，我国学术界有两种观点，一种认为龙是图腾；一种认为龙不是图腾，而是水神或动物神。

最早提出龙图腾说的是闻一多先生。闻一多先生在《从人首蛇身像谈到龙与图腾》中说道："就最早的意义说，龙与凤代表着我们古代民族中最基本的两个单元——夏民族和殷民族，因为在'鲧死，……化为黄龙，是用出禹'和'天命玄鸟（即凤），降而生商'两个神话中，人们依稀看出，龙是原始夏人的图腾，凤是原始殷人的图腾（我说原始夏人和原始殷人，因为历史上夏殷两个朝代，已经离开图腾文化时期很远，而所谓图腾者，乃是远在夏代和殷代以前的夏人和殷人的一种制度兼信仰），因之把龙凤当作我们民族发祥和文化肇端的象征，可说是再恰当没有了[①]。"

关于龙图腾的形成，闻一多在《伏羲考》中说到，龙这种图腾，"是只存在于图腾中而不存在于生物界中的一种虚拟的生物，因为它是由许多不同的图腾糅合成的一种综合体"；是"蛇图腾兼并与同化了许多弱小单位的结果"。

那么龙到底为何物呢？何星亮认为，龙是由图腾演

① 闻一多:《从人首蛇身像谈到龙与图腾》,《人文科学学报》, 1942年第2期。

化的神，虽与其他图腾物有差别，却具有图腾的基本特征，如龙和其他图腾一样被当作崇拜者的亲属、祖先和保护神，是社会群体的标志和象征等。但是，龙又与其他图腾物有不同之处，因为几乎所有图腾都是自然界中的有生物或无生物，而龙却不是，它是“只存在于图腾中而不存在于生物界中的一种虚拟的生物”①；一种图腾通常只为一个或若干个氏族部落所崇拜，而龙则为中华民族所共同崇拜；一般图腾进入阶级社会后，大都逐渐消失，而龙崇拜则绵绵不绝，经久不衰。据此，何星亮认为龙原来是一种图腾，可能是一个部落的图腾，后来演变为超部落、越民族的神，成为中华民族共同敬奉的、延续时间最长的图腾神②。这种议论无疑是很精辟的。

那么龙是如何形成的或龙的原型有哪些呢？目前的史学界对此主要有以下几种见解：

1. 蜥蜴、鳄鱼说。何新《中国神龙之谜的揭破》(《神龙之谜》，1987 年）一文认为：“其实所谓‘龙’就是古人眼中鳄鱼和蜥蜴类动物的大共名。”古代的鳄有两种，一种是扬子鳄，古称“鼍”，一种是湾鳄，古称“蛟”。古

① 闻一多:《从人首蛇身像谈到龙与图腾》,《人文科学学报》, 1942年第2期。

② 何星亮:《中国图腾文化》, 第354—356页, 中国社会科学出版社, 1992年。

人认为鳄与龙相似，“鼍形如龙”(《本草纲目》引《藏器》)，“蛟千年化为龙”(《述异记》)，古籍中则称之为“鼍龙”“蛟龙”。有的学者说，“龙的基调应是鳄鱼”①。《左传》中说到太昊氏以龙纪，而太昊族发祥于江淮一带，其龙图腾很可能是鳄龙。商族是太昊、少昊的后裔，其有关龙的象形文字和青铜器的图像皆类似鳄鱼，即巨口、突目、双耳、脊棘，头长、身躯粗壮、鳄足。湖北屈家岭文化出土的陶盘上绘有扬子鳄头。除鳄鱼外，水族中龙的原型图腾还有鲵鱼等，甘肃武山西坪出土的鲵龙纹彩陶瓶可以资证。

2. 恐龙说。王大有《龙凤文化源流》(1998年)认为：“龙，被古人公认为最原始的祖型，可能还是恐龙。”

3. 蟒蛇说。徐乃湘、崔岩峋《说龙》以为，“综合起来，龙是以蛇为基础的。而发展变化了蛇图腾像就是龙的形象。”据《楚辞》《山海经》及汉代画像石，被视作华夏始祖的伏羲女娲是“人身蛇尾”，则在长江、黄河流域的先民当有以蛇为图腾的氏族或部落。龙有长而弯曲自如的身躯，显然是以蛇为原型而衍变出来的。内蒙古三星他

① 王明达:《也谈我国神话中龙神话的产生》,《思想战线》, 1981年第3期。

拉村出土的玉龙，身躯细长而弯曲，无足，当是蛇身。内蒙古兴隆洼村出土的龙纹陶器上的龙身为蛇体。两者距今皆在5000年以上。属于龙山文化的陶尊陶盘上，绘有盘绕的彩龙，龙身似蛇身。古籍中，常常龙蛇并称，如“龙蛇居之”(《孟子·滕文公上》)，“龙蛇之蛰”(《周易·系辞下》)，“蛇化为龙”(《史记·外戚世家》褚少孙引）等。

4. 马说。王从仁《龙崇拜渊源论析》谈到：“龙源于马。”“龙的另一主干部分和基本形态便是马类”①。

5. 闪电说。朱天顺《中国古代宗教初探》(1982年)认为：“幻想龙这一动物神的契机或起点，可能不是因为古人看到了与龙相类似的动物，而是看到天空中闪电的现象引起的。”古人看到闪电形状弯曲不定，细长而又枝杈纷出，酷似长蛇而生足生角，便将动物图腾与天象图腾互渗联想，形成龙的形象。闪电总是伴随着浓云雷雨，并发出“隆隆”雷声，故《楚辞》称雷师为“丰隆”，而“龙”的读音亦是雷声的谐音。龙又总是同云同雨密不可分，《论衡·龙虚》说“雷龙同类，感气相致”，“蛟龙见而云雨至，云雨至则雷电击”，故有“云从龙”“水从龙”的说

① 刘城淮:《略谈龙的始作者和模特儿》,《学术研究》, 1964年第3期。

法。《周易·乾》说："飞龙在天。"又说："云行雨施，品物流形，时乘六龙以御天。"龙的其他原型如蛇、豕、鳄等皆不能离开地面水面而生活，但龙却能腾云驾雾，行风施雨，自由飞翔于太空之中，这种遨游降雨的本领皆来源于闪电崇拜①。

6. 春天自然景观说。胡昌健《论中国龙神的起源》认为："龙的原型来自春天的自然景观——蛰雷闪电的勾曲之状、蠢动的冬虫、勾曲萌生的草木、三月始现的雨后彩虹，等等。"

7. 猪图腾说。红山文化出土一批豕形玉饰，或可称之为猪龙玉饰，其中从内蒙古巴林右旗羊场公社出土的豕形玉雕，到辽宁省文物店收集的小型兽形玉；再到三星他拉村的玉龙，三者恰好构成从豕到龙的演化序列。如三星他拉的玉龙，其身躯与蛇酷似，口闭吻长，鼻端前突，上翘起棱，端面截平，有并排鼻孔二，显然有着猪首的特征。

另外，还有夔龙、火龙、蜥龙、河马、树身、云神等说法，表明龙所综合的事物形象是多种多样的，所以综合后的形象也是多姿多彩的。古人说，龙"角似鹿、头似

---

① 牟钟鉴、张践：《中国宗教通史》，第43页，社会科学文献出版社，2000年。

驼、眼似兔、项似蛇、腹似蜃、鳞似鱼、爪似鹰、掌似虎、耳似牛”(宋人罗愿《尔雅翼·释龙》卷二十八引王符说),我们从龙的身上可以看到原始时代众多动物图腾的属性,它是古代氏族走向融合的文化表现,从中透视出中华民族形成的多元轨迹。

大体上说,龙的演化经历了三大阶段:最早是各种独立的单类的动物或天象图腾,它们与原型相距不远;然后是互渗互融的综合性图腾,仍然是部落或部落联盟的标志与神物;最后是高度艺术化了的青龙或黄龙,已不具有严格意义上的图腾属性,而主要成为中华民族共同的文化艺术象征[①]。龙的特点主要有:一是矫捷强健。人们常说“生龙活虎”,它代表着中华民族富有朝气和勇于开拓的刚健精神,激励着全世界的华人为着一个共同的理想而奋斗和拼搏。二是神秘多彩,变化多姿,代表着人们对真、善、美的向往和追求。晋人刘琬《神龙赋》云:“大哉龙之为德,变化屈伸,隐则黄泉,出则升云,贤者其似之乎。”三是行云施雨,有益稼穑。人们称雨神为龙王,将其作为中国农业社会最受崇拜的神物而加以崇拜。“黄帝族有蛇

① 牟钟鉴、张践:《中国宗教通史》,第44页,社会科学文献出版社,2000年。

图腾，颛顼族有鱼图腾，祝融族合之为一，成为比蛇、鱼更有生气的动物崇拜，‘龙’的概念就在朦胧中产生了”。“为了使自己氏族优于他氏族，还可增加若干内容，‘龙’的形象随着人们思维发展和历史需求而树立起来。各社会阶段，龙的内涵也不尽相同。到了王权时代，龙便成为至善至孝凌驾任何事物之上，是世间神器宝物了”。“殷部族比周人较早地主宰中原，在先秦史籍中记载了殷人龙图腾崇拜的情况”①。

龙凤的观念和形象对中国文化的影响是巨大的。从政治文化来说，龙凤成为帝王后妃专有的标志，代表着至高无上的权威和尊严。从学术文化来说，学者喜欢用龙凤表达思想或观点。如《周易》《乾》卦爻辞所云：“初九潜龙勿用”，“九二见龙在田”，“九三君子终日乾乾”，“九四或跃在渊”，“九五飞龙在天”，“上九亢龙有悔”，“用九见群龙无首”，通过龙的潜藏、出现、跃动、飞腾及极而必返，表示出事物由隐而显，由低到高的发展变化规律，对中国的古代哲学发生了十分重大的影响。从民间文化来说，民间的故事、诗歌、工艺，始终带有龙

---

① 丘菊贤、杨东晨:《周族图腾崇拜溯源——兼议“龙产生的背景及其演变”》,《河南大学学报》, 1989 年第 1 期。

凤文化的色彩，龙舟、龙灯、龙舞成为民间节日的重要内容。

闻一多指出，龙是中华民族“发祥和文化肇源的象征”。中国人自称为“龙的传人”，至今海外华人仍以龙作为中国传统文化的重要标志。

（汪　奎）

八　祭祖文化

世界上各个民族都存在着祖先崇拜，但正如德国著名哲学家恩斯特·卡西尔所说："中国是标准的祖先崇拜的国家。"[①]今天，有的美国学者还认为：印度人颂神，美国人重视儿童，中国人颂祖先[②]。

(一)祖先崇拜的产生及其内涵

同自然崇拜、图腾崇拜和鬼魂崇拜一样，祖先崇拜也是我国古代先民所信奉的一种原始宗教形式，它"是在鬼魂崇拜的基础上，由生殖崇拜的传宗接代意识，加上图腾崇拜的氏族寻根意识和后期的男性家族观念，而逐渐形成并发展起来的"[③]。在鬼魂观念产生以前，原始人是不会祭

① 恩斯特·卡西尔:《人论》，第108—112页，甘阳译，《上海译文》，1985年。

② 参见金克木:《比较文化论集》，第209页，三联书店，1982年。

③ 牟钟鉴、张践:《中国宗教通史》，第47页，社会科学文献出版社，2000年。

祀、崇拜任何祖先的。在鬼魂观念产生以后，随着生产的发展和人的作用的日益显著以及氏族组织的发展逐渐趋于严密，氏族首领的地位和作用对于一个氏族或部落的兴旺发达越来越重要；在其死后，他们的氏族或部落便会怀念他们，并认为他们的神灵仍在自己的左右。于是，在先民中逐渐形成了这样一种观念：氏族祖先的鬼魂或神灵能在冥冥之中影响乃至支配氏族的一切事情，诸如战争、狩猎、丰收、人口繁衍、生老病死等。因此，不仅当氏族发生重大事件或面临各种灾难时，他们要通过各种各样形式的祭祀、膜拜祖先，祈求祖先神灵的庇佑；即使是在正常时期，出于对氏族首领或长者的怀念和敬畏，他们也要定时供奉衣食，祭享祖先的神灵。也就是说，对祖先的崇拜是对首领崇拜的自然延续，在这一崇拜中既有对祖先灵魂的敬畏之情，更包含着对他们生前权威的肯定和对传统规章、习俗的认可。“在现实的社会生活中获得一个可以信赖的权威和依之行动的价值框架，是人类需要信仰的主要原因”。“既然要求福于祖先，祭享也就不敢怠慢。这样一代一代地承传下来，祖先崇拜就自发地产生了①。”

---

① 詹鄞鑫：《神灵与祭祀——中国传统宗教综论》，第129页，江苏古籍出版社，1992年。

由此可见，所谓祖先崇拜就是崇拜亡故的祖先，包括家长、氏族始祖、部族始祖（或部落酋长）以及民族祖先，希望他们的灵魂能升入神位，成为部落、氏族或家庭的保护神。

祖先崇拜是沟通原始信仰和后世宗教的一种崇拜方式，它不仅存在于史前时期，而且存在于文明社会的各个发展阶段。但作为原始信仰的祖先崇拜，同作为后世宗教组成部分的祖先崇拜，却有着明显的区别：早期祖先崇拜的对象是直观的、个别的、多神的、单纯的，往往是同氏族生存直接有关的事物，例如代表氏族来源的女始祖和代表氏族生产力发展水平的男性文化英雄；早期祖先崇拜的对象不具有至高无上的神圣行为，它往往只被一个氏族或部落所尊崇，它的神灵作用也只涉及平时家长、族长的职权范围；早期祖先崇拜的对象在生前和死后没有实质性的地位差别，他们常常在作为人和作为神这两种身份之间往返转化；它们之间不像宗教神谱那样构成严密的等级关系，人们对他们的崇拜，也不具备规范的礼仪①。

在承认神灵的存在或超自然的力量的存在这一点上，

---

① 王小盾：《原始信仰和中国古神》，第114页，上海古籍出版社，1989年。

祖先崇拜和自然崇拜有相通之处。但它和自然崇拜有两个重大差异：“一、它不再把自然物当作信仰对象，而是把人本身当作信仰对象；二、它不再以简单的灵性观念为存在条件，而是以灵魂观念、鬼魂观念这些复杂的灵魂观念为存在条件①。”

祖先崇拜与图腾崇拜也存在着差异。在图腾崇拜阶段，人类即已产生了最早的集团祖先的观念。但人们在确认祖先的时候，却把动植物以及其他自然物当作了对象。也就是说，“当人们确认氏族来源于自然物时，便是图腾崇拜，当人们确认氏族本原在人类自身并且认为族灵可以保护子孙后代时，便是祖先崇拜”②。同时，当祖先崇拜作为生殖崇拜的一种形态而与图腾崇拜相通的时候，它也表现了同图腾崇拜的差别。它既代表了人类对于生殖活动的新认识，不再将其看作是以动物为主角的活动，而看作是人本身的活动；也代表了对于血缘关系的新的认识，对于血缘关系的生理继承的重视已转变成对亲缘关系的持续性即文化继承的重视。“它标志着自然神时代、兽神时代的

① 王小盾:《原始信仰和中国古神》,第113—114页,上海古籍出版社,1989年。
② 牟钟鉴、张践:《中国宗教通史》,第47页,社会科学文献出版社,2000年。

衰落和人神时代的诞生①。”

祖先崇拜与鬼神崇拜的不同之处则更为明显。在原始社会里，只有先产生对鬼魂的崇拜，然后才能产生对祖先的崇拜。在先民看来，灵魂与鬼魂是两个不同的概念。灵魂是经常与肉体结合在一起的，只有在做梦或人体不适如生病时才会脱离肉体；这种灵魂，因不像其他鬼神一样有作祟或帮助人们的能力，因此并不是先民的崇拜对象。而鬼魂则是与肉体相脱离的，有其独特的生活世界。所谓“附形之灵为魄，附气之神为魂也。附形之灵者，谓初生之时，耳目心识、手足运动、啼呼为声，此则魄之灵也；附气之神者，谓精神性识渐有所知，此则附气之神也②。”鬼魂之所以会被崇拜，一方面是因为当时生产力极其低下，自然环境十分险恶，先民们由于生活上无保障，因而需要寻找依靠的对象；另一方面，他们又认为族人死后，其鬼魂仍与部落有割舍不断的联系，这些鬼魂仍在关注着部落或家庭成员的行动甚至暗中参与这些行动，有的则认为活人的行动要对死者负某些责任。因此，先民逐渐形成了这样一种习惯：如果部落遇到困难，或有重大的事情，

---

① 王小盾：《原始信仰和中国古神》，第114页，上海古籍出版社，1989年。

② 孔颖达：《春秋左传正义》，山东友谊出版社，1993年。

就会祈求死去的部落成员的鬼魂的帮助；事情顺利完成之后还会通过种种祭祀对它们报以酬谢。

鬼魂崇拜的文化遗迹十分丰富。如1933年我国考古学者发掘周口店山顶洞遗址时，就曾发现三具完整的人类头骨和一部分躯干骨，躯干骨之下，撒有红色赤铁矿粉粒①。“无可置疑，这既是一种‘饰终’的风俗萌芽，另一方面又表示死者红色的血永远存在，也就是让死者的灵魂永远依附其遗体②。”可以说，这正是原始人鬼魂意识的遗存。又如商代的青铜器装饰，以饕餮组合造型为中心，以动物纹为主体装饰，正是在当时的时代背景下，原始图腾崇拜意识融入商人尚鬼及祖先崇拜观念而形成的③。

祖先崇拜是鬼魂崇拜的发展。在鬼魂观念产生以前，先民对祖先和氏族的死者是不会加以崇拜的。虽然祖先崇拜和鬼魂崇拜的对象都是死人的灵魂，但是两者却又有着重大的区别：祖先崇拜的鬼魂与崇拜者有亲族血缘关系，一般都是被当作善灵来崇拜的；而鬼魂崇拜的对象，大多

---

① 贾兰坡：《山顶洞人》，第25页，龙门联合书局，1951年。

② 张寿祺：《旧石器晚期红土随葬及其原始宗教仪式》，《世界宗教研究》，1983年第2期。

③ 张春长：《浅谈商周青铜器风格与思想意识演变》，《三代文明研究》（一），科学出版社，1999年。

是当作恶灵或不可捉摸的对象来崇拜，因此在崇拜的动机和祭礼上常显出很大的不同。祖先崇拜的鬼魂是固定的、长期的，其祭祀一般是比较隆重的。而鬼魂崇拜的具体对象大多是不固定的、一时性的，或被认为受其作祟需要加以抚慰、讨好时才加以祭祀①。也有的学者认为，鬼魂崇拜与血统因缘观念联系起来以后，就发展成为祖先崇拜。人若正常死亡，则死后其灵魂成为善鬼，发展为祖先崇拜；若非正常死亡，则死后其灵魂成为恶鬼，发展为鬼魂崇拜②。

祖先崇拜的盛行，除需鬼魂观念的基础以外，还要有血统因缘观念的产生和受到重视。

随着祖先崇拜的发展，“人们还把某些历史人物加以神化，用宗教活动来歌功颂德，祈求保护”③。这种祖先崇拜的观点，很清楚地反映在我国古代的典籍中：“夫圣王之制祀也，法施于民则祀之，以死勤事则祀之，以劳定国则祀之，能御大灾则祀之，能捍大患则祀之；非是族也，不在祀典。昔烈山氏之有天下也，其子曰柱，能植百谷百

① 朱天顺：《原始宗教》，上海人民出版社，1964 年。

② 高立士：《彝族密且人的原始宗教》，《思想战线》，1989 年第 1 期。

③ 朱天顺：《原始宗教》，上海人民出版社，1964 年。

蔬；夏之兴也，周弃继之，故祀以为稷。共工氏之伯九有也，其子曰后土，能平九土，故祀以为社①。”

（二）祖先崇拜的发展阶段及其表现形式

祖先崇拜，是人类最早的有关社会关系的意识。由于人类最先生活在母系氏族社会里，其生殖观念偏重于女性，所以人类最早崇拜的是女性祖先；而后随着父权制的建立，男性的作用彻底压倒女性的作用，女祖崇拜便被男祖崇拜所取代，祖先崇拜也在父系氏族社会达到它的极盛。

前已论及，祖先崇拜是在鬼魂崇拜的基础上，由生殖崇拜的传宗接代意识，加上图腾崇拜的氏族寻根意识和后期的男性家族观念，而逐渐形成并发展起来的。也就是说，祖先崇拜是以生殖崇拜为契机而发展起来的；或者可以说，祖先崇拜是生殖崇拜的一个结果，是最高阶段的生殖崇拜，祖先崇拜的最早萌芽形式即表现为对女阴和男根的崇拜。但祖先崇拜把对种族生命力的尊崇转变成对氏族祖先的尊崇，无疑具有稳定社会组织的功能，在这一点上，它同生殖崇拜的本质区别是显而易见的。

---

① 《国语·鲁语上》，上海古籍出版社，1978 年。

1. 生殖崇拜

生殖崇拜在原始社会是一种十分普遍的现象。黑格尔认为对生殖的重视是东方文化的重要特征。他说:“东方所强调和崇敬的往往是自然界的普遍的生命力，不是思想意识的精神性和威力而是生殖方面的创造力。……更具体地说，对自然界普遍的生殖力的看法是用雌雄生殖器的形状来表现和崇拜的”①。

一般认为，生殖崇拜的产生一是由于人类对种族繁衍的崇敬感，二是由于人类对生殖原因的神秘感。它的具体内容由两部分组成，一是对妇女生育机能的崇拜，具体表现为母体崇拜；二是对性行为和性器官的崇拜。在自然崇拜阶段，生殖崇拜主要表现为对多产动植物的崇拜；在图腾崇拜阶段，生殖崇拜则主要表现为对那些由于某种事变而与人类发生偶然联系并被当作是人类起源的动植物的崇拜；而当图腾物被男女祖先及其象征物如石祖等所代替后，祖先崇拜便萌芽了。

古人曾经把男女生殖器和男女祖先几乎看成是一回事，这可从甲骨文中的“祖”“妣”两字看出。郭沫若考证

① 黑格尔:《美学》，第3卷上册，第40页。

说，最初的“祖”“妣”分别是男女生殖器的象形，其基本含义是牡（雄性）牝（雌性），也就是男女的标志，并进一步引申成为男女祖先的代称①。又甲骨文中，敬神常用“示”字来表示。从字形看，“示”为一倒悬的男性生殖器；与“示”字同字族的“祝”字，代表的则是一个对生殖器进行跪拜的人，此人所拜跪之对象“示”也很可能是女性生殖器，因为甲骨文中的“示”字又可写成象征女性生殖器的“匕”字。于此可见，对女阴、男根的崇拜，实为祖先崇拜的最早萌芽形式。

女阴崇拜的遗俗，至今仍广泛保存在我国各少数民族中间。如云南永宁纳西族的达巴教有一部占卜经，其中第一篇的32个符号中，就有代表女性生殖器、阴道、乳房以及男女性交的图画文字②。有的少数民族将某些形象的自然物当作生殖器加以崇拜，如永宁摩梭人把格姆山腰的山洼当作女阴加以崇拜。还有一些民族把灵石当作女性神或生育神来膜拜，称其为“乞子石”“阴阳石”。如白族妇女不育时，认为前去祭拜“阿央石”即女阴石，就会乞得贵子而归。今天的江淮民间还盛行着女阴崇拜，包括对生殖

---

① 郭沫若:《释祖妣》。

② 王小盾:《原始信仰和中国古神》，第118页，上海古籍出版社，1989年。

行为的崇拜和对生殖器官的崇拜；对生殖器官的崇拜又包括对灵石（又称女阴石，即模仿女性生殖器官的石头）等女阴模仿物的崇拜和对女阴象征物如鱼等的崇拜[①]。又如许多古文化遗址出土的陶器上，均涂绘或刻画有鱼纹、鱼形，这些鱼纹、鱼形即是对生殖器官的象征。闻一多先生说："从表象来看，因为鱼的轮廓（准确地说双鱼）与女阴的轮廓相似；从内涵来说，鱼腹多子，繁殖力强。当时的人类还不知道女阴的生殖功能，因此，这两方面的结合，是生活在渔猎社会的先民将鱼作为女性生殖器官的象征。这表现了远古人民的一种模拟心理，表现了他们对鱼的羡慕和崇拜。"[②]

随着母权制的解体和父权制的建立，男根崇拜逐步替代了女阴崇拜而成为祖先崇拜的另一种早期形式。仰韶文化晚期出现了大量的陶祖、石祖和木祖，正是男根崇拜的表现；而这时正是母系氏族社会解体和父系氏族社会的形成时期。"崇拜图腾，崇拜女神，反映了母系氏族社会的生育观；崇拜男神和石祖，反映了父权制的生育观，它与

① 李晖：《江淮民间的女阴崇拜》，《民俗研究》，1990 年，第 3 期。

② 闻一多：《神话与诗 · 谈鱼》，《闻一多全集》第一册，三联书店，1982年。

木祖

父系氏族社会和阶级萌芽是分不开的”①。有的学者据此认为，“陶祖和石祖的出现，标志着图腾崇拜的衰落，和祖先崇拜的兴起”②。

无论是地下发掘的考古资料，或是历代文献的记载，还是作为活化石的民族学资料，都有大量的男性生殖器崇拜物，而且延续时间长，分布范围广。如《太平寰宇记》卷七十六有云：“乞子石在州南五里，两石夹青衣江对应，如夫妇相向。故老相传，东不从西乞子将归。故风俗云无子者所祷有应。”

男根崇拜的文化遗存十分广泛丰富，有作为自然石的石祖，也有作为人工制品的陶祖和木祖，还有各种形式的

---

① 宋兆麟:《原始社会的“石祖”崇拜》,《世界宗教研究》, 1983年第1期。

② 任继愈:《中国哲学发展史》, 第66页, 人民出版社, 1983年。

柱状物。如古巴濮荆越地区曾经流行过“牂柯”崇拜。据林河考证，“牂柯”即是指各种酷似男根的柱状物[①]。今天，海南岛通什民族博物馆中还藏有毛道村出土的男性阴茎石偶像。又如某些民族中尚存着这样的祭祖活动：“台江、剑河一带是由祭祖家族的妇女盛装经过矮桌，礼师用手持内盛甜酒漕水的葫芦，也有用竹筒刻成象征生殖器，内盛甜酒漕水，使置于下身处，搁到主妇的襟脚，妇女们登上矮桌时撩起围裙表示受射”[②]，也反映了这种男根崇拜。西双版纳傣族有一个传说：“景洪过去有一个八百媳妇国，只有妇女，没有男子，因此形成女儿国。后来妇女与曼贺山上的石祖发生了关系，才把儿女都留下来，开始男娶女嫁。”[③]

在我国的考古发掘中也曾发现了不少男性生殖器崇拜物，主要是陶制的陶祖，也有少数石祖和木祖。发现上述遗物的地点有：陕西省华县泉护村遗址（《新中国的考古收获》第 14 页，文物出版社，1962 年）；陕西省西安客省庄遗址（《沣西发掘报告》,《考古学报》，1959 年第 1 期）；山西省万泉县荆村遗址（董光忠:《山西万泉石器时代遗址

① 林河:《马王堆汉墓的越文化特征》,《民间文学论坛》，1987 年第 3 期。
② 覃桂清:《苗族古代的生殖器崇拜》,《民间文学论坛》，1986 年第 3 期。
③ 宋兆麟:《原始社会的“石祖”崇拜》,《世界宗教研究》，1983 年第 1 期。

发掘之经过》,《师大月刊》第 3 期，第 109 页，民国 20 年）；河南省信阳县三里店遗址（《河南信阳三里店遗址发掘报告》,《考古学报》，1959 年第 1 期）；甘肃省宁夏市张家嘴遗址（《甘肃永靖张家嘴与姬家川遗址的发掘》,《考古学报》，1980 年第 2 期）；河南郑州二里岗遗址等①。

生殖崇拜是人类精神崇拜中不可或缺的内容，其线条贯穿于迄今为止乃至未来人类的整个文明史中。从古埃及到美索不达米亚，从河姆渡到玛雅文化，从古印度到古希腊，生殖崇拜的内容无处不在。这不仅仅是人类生活及其繁衍派生出来的精神化的内容，更是人类生命延续的长线上伸出的神经触丝或瓜蔓，是人类智能与想象的精神家园中独居一隅的神秘禁地。生殖崇拜作为人类精神活动和现实生活的一部分，在袅袅烟雾中给善男信女们带来了无尽的希望与安慰。

2. 始祖崇拜

祖先崇拜脱胎于生殖崇拜，在生殖崇拜中产生了最初的祖先观念，而在鬼魂崇拜中则最终奠定了祖先崇拜的仪式和规范。或者可以说，祖先崇拜有两方面的思想基础：

---

① 安志敏：《一九五二年秋季郑州二里岗发掘记》,《考古学报》第八册，1954 年。

一是生殖崇拜，二是鬼魂崇拜。“生殖崇拜同以血缘为重心的社会制度结合，形成了对氏族祖先的崇拜；鬼魂崇拜同以文化（财产）继承为中心的社会制度结合，形成了对家庭祖先的崇拜[①]。”原始社会的祖先崇拜，最初产生的是对氏族团体的共同祖先即氏族始祖的崇拜，然后才产生了对氏族联合体——部族的共同祖先即部落始祖、民族始祖的崇拜，最后产生的则是对家庭祖先的崇拜。

祖先崇拜的社会基础是氏族社会，不论是母系氏族还是父系氏族，氏族成员都有共同的一个祖先。其区别之一在于，母系氏族没有父亲概念，祖先都是女性，而父系氏族则以男性祖先为中心；而由于女性祖先是外族人，因而只能从属于男性祖先，并处于配偶的地位。母系社会的祖先崇拜，主要是对女娲的崇拜。

女娲是中华民族共同的女始祖。《风俗通》云：“俗说天地开辟，未有人民，女娲抟黄土作人，剧劳，力不暇供，乃引绳于絙泥中，举以为人。故富贵者，黄土人；贫贱凡庸者，絙人也。”将造人之神说成女性，显然是母系氏族社会的意识。“‘娲’同‘蛙’，表示女性生殖之功能，

① 王小盾:《原始信仰和中国古神》，第145—146页，上海古籍出版社，1989年。

而抟土造人系根据抟土制器而联想出来的，可知该神话产生于陶制业兴起的时代”①。《淮南子·览冥训》中亦有女娲炼五色石以补苍天的记载。女娲的丰功伟绩流传后世，名声远播，经久不绝。直到父权制确立以后很久，女娲神仍在中国人心目中占据着极其崇高的地位。山东与河南汉代墓葬画像石上都发现有伏羲、女娲像，人身蛇尾，并呈相交状，两者居平等地位。

杨堃认为女娲是一个普通人名，意指人类的始祖母，而非专有名称。我国古史上的女娲氏，不止一个，而蛙正是这一氏族的图腾，并进而指出女娲氏族的存在，大约在六千年前的新石器时代②。

由于女娲既修补了天地，又创造了人类，以至又发展出伏羲、女娲兄妹成婚造人的神话。中原华夏部族的后裔一般尊称女娲为“玄母”，而尊称伏羲为“人皇”。有的传说认为女娲、伏羲是姐弟，认为是乌龟救了伏羲、女娲兄妹两人逃脱了洪水之灾，使两人成了婚，所以人们感念乌龟之恩并推举他们的后代轩辕氏黄帝做部落头领，后来也

① 牟钟鉴、张践:《中国宗教通史》，第48页，社会科学文献出版社，2000年。

② 杨堃:《女娲考——论中国古代的母性崇拜与图腾》，《民间文学论坛》，1986年第6期。

成了华夏部族的祖先。有的地方称女娲为“人祖奶”，称伏羲为“人祖爷”。今天，陕西骊山仍完好地保存了的“磨子沟”和“人祖庙”的遗址，上面刻有伏羲、女娲两人滚石磨占婚的画像。河南安阳出土的汉墓石刻画像及四川、山东出土的汉代石棺画像等实物都证明了古代汉族把伏羲、女娲尊为始祖神而加以崇拜。女娲作为中原汉族始祖神，受到广泛的信奉。据乌丙安先生调查，陕西、山西、河南、山东都有女娲坟。陕西骊山的女娲坟一带民间流传有“补天补地节”，以每年的农历正月二十日为节期。以中原地区汉族对人祖或始祖神的崇拜为代表，可以看出中国民间对氏族、部族族源的重视以及对祖先神崇拜的根基所在①。

在人类历史的长河中，先民们在很长的时期内并不知道男女交媾与生育之间的因缘关系。后来，“即使知道性交的作用，或者对性交有或多或少模糊的观念，他也决不认为受胎实际上是取决于性交”②。当时认为妇女只有与图腾发生一定的接触之后才能生育后代。我国古籍中有许多通过女性始祖与某种图腾的接触而怀孕进而生育了人

---

① 乌丙安：《中国民间信仰》，第 132 页，上海人民出版社，1995 年。

② 列维 · 布留尔：《原始思维》，第 423 页，商务印书馆，1980 年。

类的感生神话。此类记载有：华胥踏巨人迹而生伏羲；女登与神龙接触而生炎帝；附宝见大电绕北斗而生黄帝；女节接大星而生少皋；庆都遇赤龙而生尧；握登见大虹而生舜；女嬉吞薏而生禹（《帝王世纪》）；简狄吞玄鸟卵而生契（《史记·殷本纪》）；扶都见白气贯月而生汤；姜源履神人之迹而生后稷（《帝王世纪》）；女修吞玄鸟卵而生大业（《史记·秦本纪》）；匈奴女与狼交媾而生单于（《后魏书·匈奴传》）；哀牢夷沙壶触沉木而生龙子（《后汉书·哀牢夷传》）①。

考古者还发现了其他女性始祖崇拜的遗迹。如红山文化辽西牛河梁曾发现女神庙和女神塑像，是原始祖先女神的典型例证。其中一尊女神头像，面部器官完好生动，类同真人，双眼中嵌淡青色圆饼状玉片为睛，炯炯有光彩。头像及相关的其他体位部分塑件，比例适当，对于人体都有真实准确的表现，据专家鉴定为典型的蒙古人种的女性②。这尊女神头像的出土，使我们第一次一睹5000年以前女祖先的风采。从女神庙出土的其他偶像残件看，这里

① 宋兆麟：《原始社会的"石祖"崇拜》，《世界宗教研究》，1983年第1期。

② 牟钟鉴、张践：《中国宗教通史》，第47—48页，社会科学文献出版社，2000年。

曾有一批女神塑像，极有可能是当地氏族的女始祖系列像。这些女神也有乳房等生育器官，但不被有意夸大，创作者着眼于表现女性的整体美，“所以它们不是严格意义上的生殖女神，而是始祖女神，是氏族的保护神”①。

民族学的资料也提供了关于女祖神崇拜的生动例证。碧江怒族的氏族起源神话中，始祖茂英充是天上飞来的一群蜂变成的女人。维吾尔族的创始神话《女天神创世》中，说宇宙万物及人全为女天神所造。普米族另一则神话则说女始祖是塔娜，生于大石，与牦牛山神婚配，生儿育女，才有了普米人。基若族的创世女神叫尧白，瑶族的创世女神是密洛陀，黎族的始祖女神叫黎母。另一类氏族起源神话是兄妹婚或男女同祖，这种神话更为普遍。摩梭人在干木商麓设神龛供奉女神，其形象是骑鹿女人，每年7月25日举行“干木石”祭祀，即游干木山，祭仪以母系为单位，隆重热烈，目的是祈求人畜平安、五谷丰收和人口兴旺。在四川木里县乌角区，摩梭人、普米族和藏族共同崇祭始祖女神巴丁喇木，认为她主司妇女的健康和生育，当地有病或不孕妇女常去乌角尼可岩穴朝拜巴丁喇木

---

① 牟钟鉴、张践:《中国宗教通史》,第48页，社会科学文献出版社，2000年。

女神①。

父系社会的祖先崇拜，包括近祖、远祖、始祖，或可称之为祢祖、祧祖、太祖。原始民族由若干具有共同祖先的部落构成，起着凝聚全民族的作用，并成为民族种姓的象征。在民族传说中，民族祖先一般都被神化为神人或圣人，如夏族的禹、商族的契、周族的弃，都是民族始祖。原始民族与民族之间，也可能具有共同的祖先，如黄帝、炎帝、伏羲、女娲之类②。

中国古代文献和民间神话传说中，男性始祖崇拜的资料非常丰富。这些男性英雄祖先的故事经过后人的不断加工，后期文化色彩越来越浓厚，但大都仍保持着一定的父系氏族社会的风貌，其连续性要大于变异性。这些英雄始祖有以下几个特点："一是半人半神而以人为主；二是民族或部落的群体代表不是个人英雄；三是有神奇的能力，但主要贡献表现为中华文明的创造，故皆为文化英雄③。"这些男性英雄或祖先主要有有巢氏、燧人氏、伏羲氏、神

① 牟钟鉴、张践:《中国宗教通史》，第49页，社会科学文献出版社，2000年。

② 詹鄞鑫:《神灵与祭祀——中国传统宗教综论》，江苏古籍出版社，1992年。

③ 牟钟鉴、张践:《中国宗教通史》，第49页，社会科学文献出版社，2000年。

农氏、黄帝、炎帝、太昊氏、少昊氏、颛顼、帝喾、陶唐氏帝尧、有虞氏帝舜等。

如有巢氏。《庄子·盗跖》有云："古者禽兽多而人少，于是民皆巢居以避之，昼拾橡栗，暮栖木上，故名之曰有巢氏之民。"《韩非子·五蠹》亦云："上古之世，人民少而禽兽众，人民不胜禽兽虫蛇，有圣人作，构木为巢，以避群害，而民悦之，使王天下，号之曰有巢氏。"可见，有巢氏被作为构木而居的始祖而被崇拜。

燧人氏。《艺文类聚》引《尚书大传》曰："燧人为燧皇，以火纪官。"又引《礼记含文嘉》曰："燧人始钻木取火，炮生为熟，令人无复腹疾，遂天之意，故为燧人。"《韩非子·五蠹》曰："民食果蓏蚌蛤，腥臊恶臭而伤害腹胃，民多疾病，有圣人作钻燧取火，以化腥臊，而民悦之，使王天下，号之曰燧人氏。"燧人氏被视为发明火的始祖而被崇拜。

伏羲氏，或作庖牺氏。《周易·系辞下》云："古者包牺氏之王天下也，仰则观象于天，俯则观法于地，观鸟兽之文，与地之宜，近取诸身，远取诸物，于是始作八卦，以通神明之德，以类万物之情。作结绳而为网罟，以佃以渔，盖取诸《离》。"《艺文类聚》引《帝王世纪》云："太

昊帝庖羲氏，风姓也，蛇身人首，有圣德，都陈，作瑟三十六玄。”伏羲氏被视为上古渔猎时代的英雄始祖而加以崇拜。伏羲氏后来极受推崇，被推为“三皇（伏羲、神农、黄帝）”之首，民间传说中，伏羲与女娲同被视为“人祖”。除汉代画像石有表现外，河南淮阳县有太昊伏羲陵，又称人祖庙，当地民俗称伏羲为“人祖爷”，称女娲为“人祖奶”，每逢农历二月二至三月三，便举行庙会祭祖，祈福、求子。在少数民族如瑶族、苗族、仡佬族、仫佬族等民族中，都流行伏羲女娲始祖传说①。

神农氏。《庄子 · 盗跖》说：“神农之世，卧则居居，起则于于。民知其母，不知其父；与麋鹿共处，耕而食，织而衣，无有相害之心，此至德之隆也。”庄子是道家，受老子影响推崇母权文化，故把神农之世形容成母系氏族社会的情景，透露出早期的农业神是女性。《周易 · 系辞下》说：“包牺氏没，神农氏作，斫木为耜，揉木为耒，耒耨之利，以教天下，盖取诸《益》。日中为市，致天下之民，聚天下之货，交易而退，各得其所，盖取诸噬嗑。”神农氏在这里是男性农业商业祖先神，代表

① 牟钟鉴、张践：《中国宗教通史》，第50—51页，社会科学文献出版社，2000年。

着古代农业文明的兴起，所以在后来整个农业社会都受到尊崇①。

又如对于我国历史上流传的烛龙神话，龚维英认为烛龙的本相系男性生殖器②；闻一多先生认为，“烛龙即祝融，为楚的始祖神”③。关于黄帝、炎帝、太昊氏、少昊氏、颛顼、帝喾、陶唐氏帝尧、有虞氏帝舜等部落或氏族始祖的传说，文献记载也很多。

中国周边少数民族的祖先崇拜内容也十分丰富，至今仍保存了大量始祖崇拜的文化遗留。如瑶族崇拜始祖神“盘瓠”，或称“盘护”“盘护三郎”，一般尊称其为“盘王”。另外，畲族、黎族及部分苗族也尊奉盘瓠为始祖神。汉文典籍《后汉书·南蛮传》中也记述了高辛氏之女嫁给咬杀吴将军的龙犬盘瓠，并繁衍了后代而成为瑶族的始祖。为敬奉盘瓠，瑶族地区建有盘瓠庙，称“盘王庙”。每年农历十月十六日为祭日，俗称“盘王节”。他们用三牲酒礼，跳长鼓舞，讲传盘王来历，唱《盘王歌》，赞颂

---

① 牟钟鉴、张践:《中国宗教通史》，第51页，社会科学文献出版社，2000年。

② 龚维英:《烛龙神话溯源》，《民间文学论坛》，1986年第2期。

③ 闻一多:《神话与诗·伏羲考》，《闻一多全集》第一卷，三联书店，1982年。

始祖功德，教育后代不忘祖根，会宴隆重①。现珍藏于中国历史博物馆的一幅“盘瓠图”，是乾隆二十四年（公元1759年）处州府丽水县十四都北空庄重新绘制品。上下幅各有14个场景，连续描绘了畲族女始祖与盘瓠通婚繁衍后代的神话历史传说②。在这里还有以犬首杖象征祖先的崇拜标志。犬首杖，又传是龙犬的龙首杖，即每个姓氏家族都以龙犬为始祖信仰，都存有一根金箔朱漆的木杖，顶端绘成犬首形象或龙头形象，作为祖先象征，俗称“祖杖”，是祖先崇拜的神圣物，平时用红布袋收藏，祭祖时展示敬奉③。

瑶族“布努”系族人有崇拜始祖神密洛陀的古老传统。崇拜密洛陀女神和崇拜盘瓠神是瑶族最有代表性的也是最崇高的祖先崇拜。苗族除湘西、黔东北地区崇拜盘瓠始祖神外，黔东南苗族还较普遍地信奉从枫木心中生出来的“妹榜妹留”（有的称为“蝴蝶妈妈”）为本族系的始祖神。苗族有关“枫树心孕”始祖“蝴蝶妈妈”的传说正是

① 乌丙安：《中国民间信仰》，第133页，上海人民出版社，1995年。
② 乌丙安：《中国民间信仰》，第135页，上海人民出版社，1995年。
③ 乌丙安：《中国民间信仰》，第136页，上海人民出版社，1995年。

植物生人的印证[①]。至于赫哲族，“赫哲族信仰熊图腾，他们的木制祖先偶像上，既是人的形象，又披熊皮，体现了人与熊的合一，从而繁衍了人类”[②]。基诺族的始祖崇拜是对女始祖“阿嫫腰白”的祭祀，祭祀的仪礼称作“喏嫫洛”，意思是“祭祖魂”。宛丘（今河南淮阳）曾以太昊伏羲作为人类始祖和文化乐舞的始祖而加以崇拜，宛丘现在民间流传的舞蹈——担花篮正是原始巫舞的遗留，而“担花篮服饰之所以一身黑，大概是生殖崇拜的一种遗俗”[③]。

关于彝族的祖先崇拜，有的学者认为，早在母系氏族公社前期，彝族先民就将物、神、人三者关系交错杂糅，产生了图腾始祖崇拜，是彝族祖先崇拜的最初萌芽。随着社会由母系氏族公社发展到以地缘联系为主、以血缘联系为纽带的农村公社和部落联盟时代，彝族先民产生了村社部落酋长祖先崇拜。崇拜的过程由人到图腾，再由图腾到人，转化为人死有魂，魂归祖先。这转化过程不仅标志着彝族先民的真正含义的祖先崇拜开始了，也标志着彝族先民从此迈出了独立于自然界的重要一步。彝族的图腾始祖

---

① 谭桂清:《苗族古代的生殖器崇拜》,《民间文学论坛》, 1986年第3期。

② 凌纯声:《松花江下游的赫哲族》, 商务印书馆, 1940年版, 第140页。

③ 李吉:《祭祖的原始遗俗——宛丘巫舞》,《中州今古》, 1995年第2期。

崇拜产生于母系氏族公社前期，当时人和自然界还浑然一体，彝族先民尚处于群婚、对偶婚阶段，由于母系制交错复杂的血缘亲属关系和多变性，使他们只知其母，不知其父，再加之畏惧自然现象而产生的自然崇拜，使物、神、人三者关系交错杂糅，产生出了把部分自然物神话作为与自身有血缘关系的亲属，来加以崇拜，这种崇拜就转为图腾始祖崇拜，它是自然崇拜和祖先崇拜的自发性原始结合，在人类宗教史上是一种最早的宗教形式①。彝族的图腾始祖崇拜主要包括对竹子、葫芦、马缨花、牛、蝴蝶、虎等的崇拜。

考古发掘中的祖先崇拜遗迹也极其丰富。如在云南马粟坡大王岩，考古者发现了一处有关祖先崇拜的古崖画——大王岩崖画，其中大王岩1号崖画的岩壁总高约为20多米，崖画用黑、红、白三种颜色绘成，距离地面约3米多。由于常年受风雨侵蚀和石灰岩浆的覆盖，两侧画面已消失。现留有高8米、宽6米的画面，主体是两位高达3米的女性祖先画像②。有关学者认为，大王岩1号崖画是云南省已知的关

---

① 于锦绣:《彝族的“近祖崇拜”》,《世界宗教研究》, 1983年第2期。

② 蔡葵:《古代祖先崇拜、人祭和猎首习俗述论》,《思想战线》, 1989年第1期。

于祖先崇拜的最早的绘画。“这两位女像是祖先和氏族、部落保护神的结合，给人以庄严肃穆和神秘莫测的感觉。在她俩的下面，画有人、牛、植物等，透露出当时先民祈求祖先和神保佑氏族部落永存，人畜兴旺繁殖”①。

又如“江川李家山 24：90 铜饰牌，其图案是：柱上缚牛，牛角上倒吊一战俘或奴隶，而牛前还有一已倒下去的人牲。主题显然是用人牲祭神或祖先”②。浙江河姆渡遗址曾发现 7 000 年前的陶塑神像（见《文物》1980 年第 5 期，第 15 页）。此外，甘肃礼县高寺头、秦安县大地湾和寺嘴、天水县柴加坪等地，均出土有仰韶文化时期的彩陶瓶，瓶口被塑成人头偶像。这类陶瓶都不是实用物品，研究者认为“和原始宗教的某些信仰有关”。按其可能性来看，应都是祖先神的偶像③。

祖先崇拜不仅表现为只对神话传说中的氏族始祖的崇拜，还有对本族源世系的几代祖先的整体崇拜。正是在这种代代相承的祖先世系的崇拜中形成了十分牢固的、不间

---

① 杨天佑：《马粟坡大王岩崖画》，《云南文物》，1984 年 6 月，第 15 期。

② 云南省博物馆：《云南江川李家山古墓群发掘报告》，《考古学报》，1975年第 2 期。

③ 詹鄞鑫：《神灵与祭祀——中国传统宗教综论》，第129页，江苏古籍出版社，1992 年。

断的祖先崇拜。《礼记·祭法》云："有……祖文王而宗武王。"从引文中可以看出，舜时以颛顼为先祖，以尧为直接祖先；夏时以颛顼为远祖，而以禹为直接祖先；并且这两个朝代都以黄帝配祀于上帝。可见，夏、商、周三代的祖先崇拜体系已经相当完备了。《礼记·祭法》又云："大凡生于天地之间者皆曰命，其万物死皆曰折，人死曰鬼。此五代之所不变也。七代之所更立者，禘、郊、宗、祖，其余不变也。"禘、郊、宗、祖，就是祭天地祖先，因为改朝换代，这两种祭祀当然要有所变更，所不变的，正是天地鬼神和祖先信仰的观念。又如在卜辞中，我们所能见到的祖先崇拜的对象多半是故去的先王，人君就是天地意识的代言人，又和这种祖先即神的观念掺杂在一起。商王自称"予一人"，商王的祖先被加强为全体人民的祖先，尊祖、尊君、尊神三位一体，连接起天君人相通的纽带。

祖先崇拜还包括对祖先中对本族人做出过重大贡献和牺牲的人物以及亡故先人的崇拜。著名的民俗学家乌丙安认为："关于祖灵信仰最有普遍意义的是民间对亡故的先人的敬奉。这是从鬼灵崇拜中亡灵观念冥想出来的祖先神崇拜①。"

---

① 乌丙安:《中国民间信仰》, 第 147 页, 上海人民出版社, 1995 年。

（三）祖灵祭祀和丧葬仪式

“生事之以礼，死葬之以礼，祭之以礼”①，祖灵祭祀和丧葬仪式无疑是祖先崇拜的重要内容。先民的祖先崇拜具有浓厚的宗教意义，他们认为祖灵有神通，既可以庇佑子孙，也可能突然降下灾祸。所以为求家人的平安，子孙后代必须祭祀祖先。“慎终追远”正是对祖先崇拜内容的一个概括。所谓“慎终”，就是按照一定的礼仪来操办亡故者的丧葬；“追远”，就是祭祀和悼念祖先，以示不忘根本。

再如商代玄鸟妇壶上的铭文“玄鸟妇”三字，也体现了这种祖先崇拜的精神。作壶者是一个以玄鸟为图腾的妇人，即商人后裔，玄鸟是商人心目中光辉的天的使者，是它们产生了商人的祖先契，谓“天命玄鸟，将而生商”(《诗·商颂》)。可见，“玄鸟妇”的铭文说明商人以自己奇异的来源为骄傲，反映出典型的祖先崇拜的心理。中国的历代王朝都以这种蛊惑人心的宣传作为统治的重要支柱，与天攀亲，代天立言，天降神谕，“替天行道”，如此

① 《论语·为政》，文物出版社，1997 年。

等等。殷人的祖先崇拜决不仅限于殷代君王的祖先，国家有国家的祖先，公卿大夫直至下民都有自己的祖先，这一祖先同样可以成为祭祀和崇拜的对象，《礼记 · 曲礼》上说“士祭先”，即是一例。如古文字示，唐兰先生认为，“示与主为一字”，主，就是木制的神主牌。《白虎通 · 宗庙》：“祭祀以主者何？言神无所依据，孝子以主系心焉。”这主就是供人祭祖的神的替代品。而示卜辞多见，从示之字也很多，可见当时的祭祖现象甚为流行。商代又有所谓“尸祭”，这不是以木牌代祭，而是以人代祭，尸就是象征祖先神的人。《仪礼 · 士虞礼》：“祝迎尸。”注曰：“尸，主也，孝子之祭，不见亲之形象，心无所系，立尸而主意焉。”可见祭尸与主具有同样的功用①。

关于祖灵祭祀的时间，有平日祭祀、节日祭祀和超度祭祀。如阿昌族、布朗族和彝族人，每逢生病便会向祖灵许愿；每逢节日，更会主动祭祀祖灵。彝族人还产生了一种特殊的巫术，即遇有重大病灾发生时，便要打开坟墓，检查祖先尸骨。彝族的超度祭祀场面十分隆重，“由鬼公和娘母联合主持，从祷告、牵牛、吃肉、饮酒、招魂以至

---

① 朱良志：《原始宗教与“天人合一”文化意识的产生》，《中州学刊》，1988年第3期。

跳舞，总要长达一夜”①。也有的民族分春夏秋冬四季进行祭祀，如侗族春祭栽年节，夏祭在端阳，秋祭在中元，冬祭在十月祖宗节。

关于祖灵祭祀的规模，有联宗祭祖和家庭祭祖。前者是对氏族祖先的祭祀，而后者是对家庭祖先的祭祀。这些祖先祭祀的痕迹还保留在许多少数民族今天的祭祀活动中，如侗族人祭祀最高祖先神“达摩”，称作“萨”或“萨丙”，每个古老的侗族村寨里都设有“萨殿”，祭祀时集体歌唱《祭祖歌》和《侗族创世记》。

初祖达摩

“万物本乎天，人本乎祖”②，这是古代人对万物和人生本源的基

① 王小盾:《原始信仰和中国古神》，第144页，上海古籍出版社，1989年。
② 《礼记·郊特牲》，上海古籍出版社，1997年。

本观念。“有天地然后有万物，有万物然后有男女，有男女然后有夫妇，有夫妇然后有父子，有父子然后有君臣，有君臣然后有上下，有上下然后礼义有所错”①。这种朴实的自然观和社会历史观，把社会归结为家庭，而把家庭归结为两性，最后则把两性归结为自然，这基本上是符合人类演化和早期社会发展的历史的。而“其中以父子关系为轴心的家庭关系是古代社会的基础，中世纪宗法等级社会各种关系都可以看作是家庭关系的延伸和扩大。祖先崇拜正是家族社会的宗教，也是它的哲学，是它的最高信仰，在很长时期内极大地影响着中国社会的民俗和精神生活”②。

如孝道是后世儒家所阐发的伦理道德的核心，“修宗庙，敬祀事，教民追孝也”③。孝道的意义即在于巩固家族的血缘关系，继承和发扬祖先的优良传统，使家族兴旺发达，而孝道正是从祖先崇拜和生殖崇拜中发展出来的。

始祖崇拜“在当时的氏族社会曾作为氏族最醒目最有力的团结徽号，作为战斗号角和精神支柱，对加强氏族成员之间的团结，使氏族日趋巩固，并与周邻部落中的氏族

---

① 《易传·序卦》。

② 牟钟鉴、张践:《中国宗教通史》，第57页，社会科学文献出版社，2000年。

③ 《礼记·坊记》，上海古籍出版社，1997年。

相区别，都起了积极的作用”①。随着祖先崇拜的发展，它还使祖先特别是各级始祖具有十分强大的民族或家族的凝聚力。神话始祖黄帝、炎帝成为凝聚中华各民族的精神力量，各姓各氏的始祖则成为凝聚各姓各氏的精神力量。民族观念、国家观念、乡土观念、宗族观念的强化都与此有关。祖宗崇拜的观念如此之深，以至至高无上的皇天崇拜和象征领土的后土崇拜也不能降低祖宗崇拜的地位，而只能形成天、地、祖宗三足鼎立的局面②。

祖先崇拜还保存和传播了本民族的历史，丰富和发展了民族歌舞，其产生的艺术也保存了一部分民族文化遗产。在今天，祖先崇拜中潜在的人文主义的文化价值理想还强化了中华民族的文化认同感，对于调动一切积极因素进行社会主义现代化建设也起着十分重大的作用。

（汪　奎）

---

① 于锦绣:《彝族的“近祖崇拜”》,《世界宗教研究》, 1983 年第 2 期。

② 詹鄞鑫:《神灵与祭祀——中国传统宗教综论》, 第135页, 江苏古籍出版社, 1992 年。